চরাচর

জনসচেতনতা মূলক গ্রন্থ

মৃণাল কান্তি গুঁই

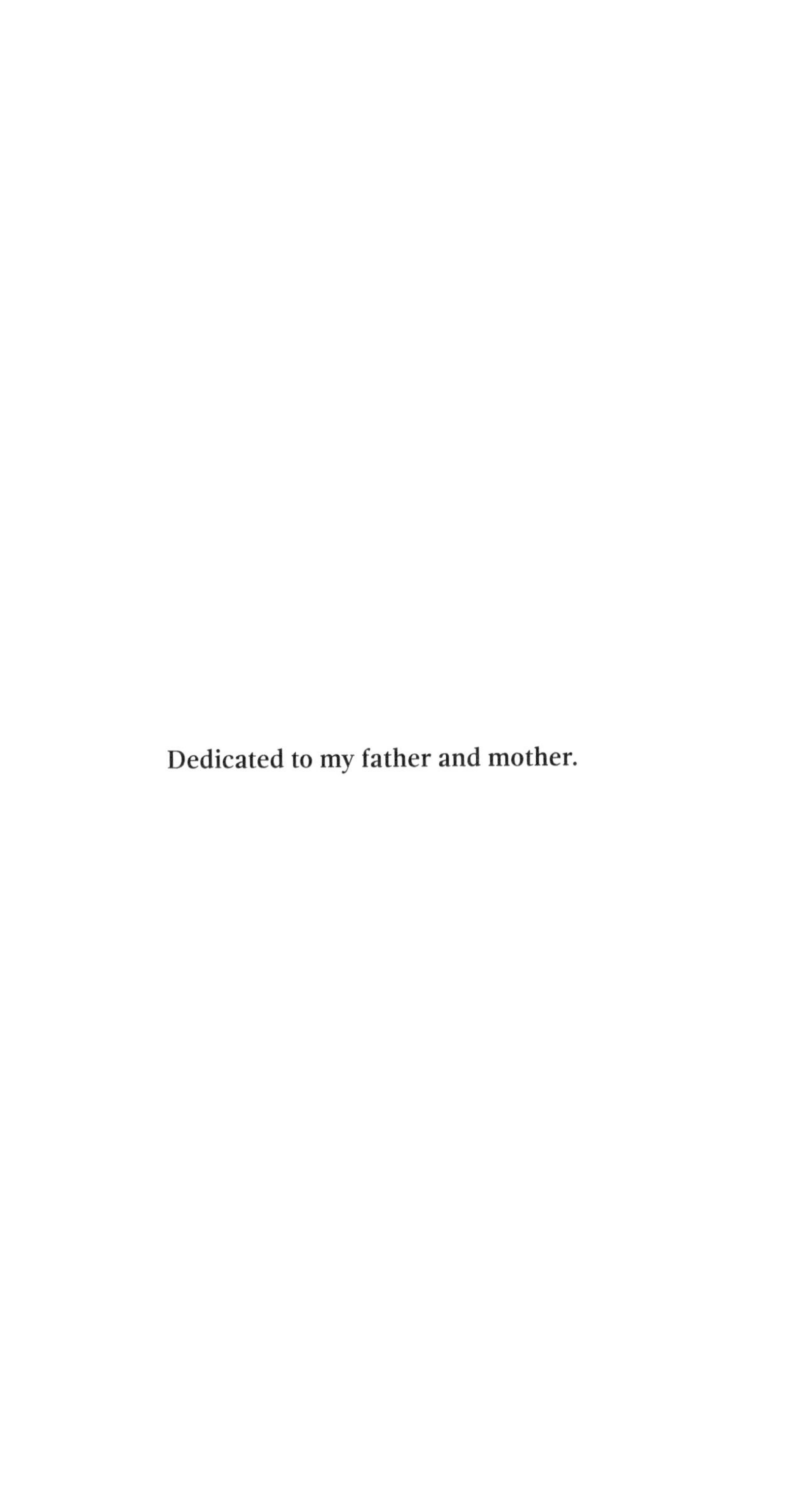

Dedicated to my father and mother.

বিষয়বস্তু

বিষয়বস্তু

বিষয়বস্তু

ভূমিকা

ছোট বেলায় স্বপ্ন ছিল একটা ভালো সমাজ তৈরি করার। যখন বড় হলাম, দেখলাম ও অনুভব করলাম যে ব্যাপারটি এত সোজা নয়, কারন প্রথমতঃ সকলেই সবকিছু বুঝতে পারবে না। যদি বুঝতে পারত তাহলে এই সমস্যাই থাকত না। দ্বিতীয়তঃ যখন আরও একটু বড় হলাম তখন বুঝতে পারলাম আমাদের ভাষা নিয়ে। বুঝলাম ঈশ্বরচন্দ্র, রামমোহন সহ মনিষীদের অবদান।তাঁরা অমসৃণ বাংলাভাষাকে কোন স্থানে নিয়ে গেছেন। কারন সকলে তো আর বলে বলে সব কিছু করা যায় না। লিখতে হয় বোধগম্য ভাষায়। তাই অশেষ ধন্যবাদ ও সকল মহামানবদের। তাঁরা বহু পূর্বেই সেই পথ প্রশস্ত করে দিয়েছেন। তৃতীয়তঃ বাংলাভাষায় বিজ্ঞান লিখতে গিয়ে যেটা অসুবিধা হয় তা হল ভাষায় রূপান্তর যেটা অবশ্য ভাষার নয়, লেখকের, কারন বাংলাভাষার শব্দভাণ্ডার অসীম। দুই বাংলার মনীষী ও লেখকেরা নিত্যই তার ভাঁড়ার সমৃদ্ধ করে চলেছেন।চতুর্থতঃ সারা বিশ্বের সাথে তাল মিলিয়ে এই বাঙালি সমাজকে এগিয়ে নিয়ে যাওয়ার দায়িত্ব কিন্তু আমাদেরই। সমাজকে বিজ্ঞানমনস্ক করতে হলে বাঙলা ভাষায় আরো বেশি বেশি লিখতে হবে।পঞ্চমতঃ পাঠক, যাদের জন্য এত সব আয়োজন তারা সাদরে গ্রহণ করলে এই পরিকল্পনা সার্থক হবে।

আমার প্রথম জনসচেতনতা মূলক গ্রন্থ "চরাচর।" প্রকাশিত হচ্ছে। জনগনের মনে বিজ্ঞান ও সচেতনতা উন্মেষের জন্য আমার এ প্রয়াস। আমার উদ্দেশ্য জনগণের মনকে আরও প্রশস্ত করানো যাতে আমরা আরও ভালো ভাবে বাঁচতে পারি, যাতে মনের জানালা আরও খুলে দিতে পারি, যাতে জ্ঞানের আলো আসতে পারে।

একশ পর্বের এই প্রবন্ধ জীবনের বিভিন্ন অংশ থেকে নেওয়া। সমাজের সর্বস্তরের মানুষকে শ্রদ্ধা নিবেদন করা হয়েছে এখানে।

এই গ্রন্থ রচনায় যারা প্রত্যক্ষ ও পরোক্ষভাবে যারা আমায় সাহায্য করেছে তাদের সকলের কাছে আমি ব্যক্তিগতভাবে ঋণী। তাঁদেরকে আমি আমার হৃদয়ের মনিকোঠায় আবদ্ধ রাখবো চিরকাল।

আমার পরিবার ও স্ত্রী-কন্যা আমায় যে মানষিকভাবে সহায়তা করেছেন সবসময় । তাদের প্রত্যক্ষ সহযোগিতা ছাড়া এ গ্রন্থ বিরোচিত করা সম্ভব হতো না।

আর একটা কথা না বললে সমস্ত কিছু অপূর্ণই থেকে যায় তিনি হলেন প্রকাশক। এই বই প্রকাশিত হওয়ায় তাঁর অবদানও কৃতজ্ঞতা চিত্তে স্মরণ করি।

পাঠকদের উপর এ ব্যাপারে আমার পুরো ভরসা আছে। আমরা নিজেরাই নিজেদের আরো উন্নত করব। এই আশা রাখি, আপনারা পাশে থাকবেন।

ধন্যবাদান্তে-
মৃণাল কান্তি গুঁই

১৯/১০/২০২১
বাংলা - ১লা কার্তিক ১৪২৮

স্বীকার

এই গ্রন্থ রচনায় যারা প্রত্যক্ষ ও পরোক্ষভাবে যারা আমায় সাহায্য করেছে তাদের সকলের কাছে আমি ব্যক্তিগতভাবে ঋণী। তাঁদেরকে আমি আমার হৃদয়ের মনিকোঠায় আবদ্ধ রাখবো চিরকাল।

আমার পরিবার ও স্ত্রী-কন্যা আমায় যে মানষিকভাবে সহায়তা করেছেন সবসময়। তাদের প্রত্যক্ষ সহযোগিতা ছাড়া এ গ্রন্থ বিরোচিত করা সম্ভব হতো না।

১

প্রথম পর্ব প্রথম আলো

দাওয়াই বসে আছি উঠানটির দিকে চেয়ে। চারদিক শুনশান। সকাল সাড়ে পাঁচটা। জনগনের ব্যস্ততা শুরু হয় নি তখন-ও। উঠানের নীমগাছটিতে এসে বসেছে কাক, চড়াই, দোয়েল, ফিংগে ও শালিক পাখি। এদের দিন কিন্তু শুরু হয়েছে অনেক আগেই। পুকুরের ধারের বাঁশ গাছটির চূড়ায় শান্তভাবে বসে আছে মাছরাঙা, পুকুরের জলের দিকে চেয়ে। শিশু গাছটি থেকে দু-এক বার কোকিলটিও ডেকে উঠছে থেকে থেকে। পুকুরে হংস-হংসীর জলকেলীও
____।

বারান্দার ডানদিকে ছোট্ট ডুমুরগাছটির একটি পাতা কেমন যেন উল্টানো হয়ে গেছে, অন্য পাতাগুলোর মতো না। বেশ ভালো করে দেখলাম ঠিক ওই পাতায় একটি মৌটুসী মাঝে মাঝে আসছে ও আবার যাচ্ছে, আসছে আবার যাচ্ছে। কারনটা প্রথমে বুঝতেই পারিনি। আরও একটু ভালো করে দেখে বুঝলাম, ও বাবা! এতো মৌটুসীর বাঁসা। ভালোই লাগলো দেখে। আরো দুটি পাখির কথা না বললেই নয়, যেগুলি হলে ডাহুক পাখি যাকে ইংরাজিতে বলে white breasted waterhen। শুনেছি এই পাখী নাকি খুব ভীরু। অনেকবার চেষ্টা করেছি ধরার। ছোটবেলায় পিছনে পিছনে বহুবার দৌড়েছিও। মায়ের কথা শুনে ফাঁদ-ও পেতেছি কিন্তু অসফল বারবার। এখন ঐ অসফলতার কথা ভেবে কিন্তু আনন্দ-ই হয়।

আর একটি পাখি হল ছাতারে, ইংরাজিতে বলে seven sister bird বা jungle bubler birds কট কট আওয়াজ করে ডেকে বেড়ায় এরা। সাত থেকে আটটি পাখি এক সাথে থাকে। উঠানে নেচে নেচে এরা অনুপম সৌন্দর্য সৃষ্টি করেছে।

2

দ্বিতীয় পর্ব কৃষকের চোখে

বর্ষার নীল আকাশে সাদা মেঘের ঘনঘটা। চলমান ঐ মেঘ নৌকায় ভর করে থাকে বাংলা চাষীদের ভরসা ও স্বপ্ন। জমিতে বীজ বোনা থেকে চাষাবাদ পর্ব চলে। খারিফ ফসল ঘরে তোলার একরাস স্বপ্ন তাদের চোখে। তাদের আশাকে আরো পরিপূর্ন করার তাগিদে আ মরি চাতক!

মেঘের ঘাটে ঘাটে গিয়ে বাংলার তাদের প্রীয় চাষীদের জন্য জল ভিক্ষা করে মেঘেদের কাছে। মানুষের বিস্ময় সেই চাতক পাখিরা মেঘেদের কোলে উড়ে উড়ে যায় হয়ত এই ভেবেই------

আকাশের বুক চীরে ঐ শঙ্খচীল যেন এক গাম্ভীর্যের প্রতীক। অতো উঁচুতে উড়লেও লক্ষ্য থাকে সেই অবিচল। শিকারী পাখি। শিকার ধরার নেশায় মত্ত হয়েও কিভাবে তার লক্ষ্যে অবিচল থাকতে হয় তা এদের থেকে কেউ ভালো কি পারে?

কাক পক্ষীর সাথে মিলে যায় শকূন। আকাশে থেকে নিঃশব্দ বিচরনরত। বাংলার এই পক্ষীকূল কিন্তু অনেক কিছু বলে দেয় ভবিতব্যকে।

বন মোড়গের ভোরের চিৎকার যেন এক প্রাকৃতিক আল্যার্ম। যেন বলে ওঠো আর ঘুমিও না। সঠিক সময় আগতপ্রায়। প্রকৃতির থমথমে ভাবকে জাগাও। কাঁধে কাঁধ মিলিয়ে বলো না আমরা শেষ হয়ে যায় নি। আছি। বহাল তবিয়তেই বেঁচে আছি, শুরুর সঠিক সময়ের অপেক্ষায়। পেয়ারা গাছের সেই হলুদ পাখি কি আসবে আবার সবার জীবনে?

আশায় রইলাম ।

3

তৃতীয় পর্ব বিদ্যাসাগর মহাশয়ের জন্মদিনে তাঁর স্মরণে

তখন আমরা সবে গ্রামের প্রাথমিক বিদ্যালয়ের গন্ডি পার হবো। মনে বড় আশা হাইস্কুলে পড়ব। গ্রামের আর পাঁচটা ছেলেমেয়ের মতো না। তাদের সাধারণ কাজ ছিল বাচ্চাবেলা থেকেই মা-বাবার কৃষি কাজে একটু-আধটু সাহায্য করা। এর ফলে সেই ছোটবেলা থেকেই এ সব কাজে তাদের হাতেখড়ি হয়ে যেত। এখন কিন্তু সেই অবস্থার যথেষ্ঠ উন্নতি হয়েছে। ছেলে-মেয়েদের বিয়ে ও সংসার হয়ে যেত অনেক কম বয়সে। অতি কাঁচা বয়েসে চলে আসত সংসারের ভার। বিদ্যাসাগর-রামমোহন সহ বিভিন্ন মহাপুরুষ এই সমাজের কত মহামূল্যবান কাজ করেছেন আজ আমরা অনুভব করছি। তাঁরা মহাপুরুষ ছিলেন বলেই বহু বৎসর পূর্বেই তার অনুধাবন করতে পারেন।

যাইহোক, যথাসময়ে প্রাথমিক বিদ্যালয়ের পাঠ শেষ করে গ্রামের পাশেই এক উচ্চবিদ্যালয়ে ভর্তি হলাম। শত-শত ছাত্র। মনে হয় চাপা আশংকা। পারবো তো।

পায়ে হেঁটে যেতে হবে দু-তিন মাইল। কাঁচা রাস্তা। বর্ষায় হাঁটুভর্তি কাদা। কোন যানবাহন চলে না। চলে কেবল মোষ বা গরুর গাড়ি।

সেই মৃন্ময়ী মৃত্তিকা বর্ষার একটা আকর্ষণ ছিল অনেকের কাছে।

মানুষ ছিল অনেক সহজ সরল। নিজের খাদ্য- সংস্থান করতেই দিন চলে যেত। যেন মনে হত আজকের মতো এত রোগ-বালাই ও ছিল না।

বাসক, তুলশী, আকন্দ, শুশনী ও থানকুনির কদর ও ছিল।

আমরা এগিয়েছি সত্য। হারিয়েছি ও কিছু অমূল্য রত্ন।

4

চতুর্থ পর্ব হঠাৎ (একটি সচেতনতা মূলক প্রবন্ধ)

আসুন আমরা আজ নতুন কিছু জানি। রাস্তায় বেরিয়ে আমরা অনেক কিছু খেয়ে নি। অনেক সময় ক্ষুধা নিবারণের জন্য, অনেক সময় লোভে, অনেক সময় নেশায়, অনেক সময় ইচ্ছাকৃত ভাবে হুজুগে পরে।

প্রথম খাওয়াটা যুক্তি-যুক্ত। শরীরের ক্ষুধা তো মেটাতেই হবে আন্যথায় অনেক কিছু খারাপ ঘটতে পারে। অন্যগুলি অনেক সময় জীবনে ক্ষতি তো করতে পারেই এমন কি মৃত্যু পর্যন্ত ঠেকে আনতে পারে।

রাস্তায় অনেক কিছু বিক্রি হয়, যেগুলি দেখে জ্বিহ্বায় জল চলে আসে। প্রয়োজন না থাকলেও লোভে পরে খেতে চলে যাই অনেক কিছুর দিকে অনেক সময় কিছু না জেনেই।

যেমন ধরুন কামরাঙা ফল বা কামরাঙা যাকে Star fruit বলে ইংরেজিতে (Averrhoa carambola বিজ্ঞান সম্মত নাম।) আপনাদের কি হয় জানি না, এটা লিখতে লিখতে আমার তো জ্বিহ্বায় জল এসে গেছে।

ফলটি খেতে বেশ সুস্বাদু। কয়েকটি খুব ভালো গুন আছে। আমাদের আলোচ্য বিষয় আজ সেটা নয়। এই ফল খেলে কয়েক ক্ষেত্রে মানুষের মৃত্যু ও হতে পারে।

এই কামরাঙায় অক্সালিক এ্যাসিড ও কারাম্বক্সিন(Oxalic Acid , Caramboxin) নামের পদার্থ থাকে। এই কারাম্বক্সিন স্নায়ুতন্ত্র ও কিডনীর প্রভূত ক্ষতি সাধন করে।

এই অক্সালিক এ্যাসিড কিডনীতে জমতে থাকে অক্সালেট রূপে। তাই যাদের মধ্যে কিডনীর বিন্দুমাত্র সমস্যা আছে ঐ ফল খাওয়ার আগে একটু ভাববেন।সকলে ভালো থাকবেন। সচেতন থাকবেন।

5

পঞ্চম পর্ব বাদুর ও করোনা

করোনা মহামারী আমাদের জীবনে অনেক কিছুই বদলে দিয়েছে। অনেকে ঐ সহ্য না করতে পেরে_____।

অনেকে বলছেন বা বিশ্বাস করেন যে এই বাদুর থেকেই করোনা রোগের উৎপাদন বা উৎপত্তি হয়েছে। এ নিয়ে বিস্তর তর্ক বিতর্ক হয়েছে বা এখনো চলছে। ভবিষ্যতে তার সবকিছু জানা যাবে। এখনো আমরা সেই জায়গায় পৌঁছাতে পারি নি।

আমরা আসি বাদুরের বিষয়ে। ইংরেজিতে বলে bat। এই বাদুর বলতে কিন্তু বড়ো অর্থে বাদুর ও চামচিকা ও বোঝায়। ট্যাক্সনমিতে এরা কিরোপ্টেরা(Chiroptera) অর্ডারে অন্তর্ভুক্ত। যার বাংলার অর্থ হাত পাখায় বা ডানায় রুপান্তরিত। বাদুর একমাত্র দুধ খাওয়া(স্তন্যপায়ী) ও উড়তে সক্ষম প্রানী।

Chiro কথাটী এসেছে গ্রীক থেকে, তার অর্থ হাত। Ptera শব্দের অর্থ ডানা।

এদেরকে মেগাকিরোপ্টেরা যেমন বাদুর, ও মাইক্রোকিরোপ্টেরা চামচিকা এই দুই ভাগে ভাগ করা হয়েছে।

এরা সকলেই নিশাচর এবং অন্ধকার ভালোবাসে।

বাদুর ফল যেমন তাল, পেয়ারা ইত্যাদি খেয়ে বেঁচে থাকে, কিছু মকরন্দ , পতঙ্গ ও খায়। কিছু উদ্ভিদের পরাগ মিলনে ও বীজ পরিবহনে এরা প্রভূত

সহায়তা করে। অনেক নিরক্ষীয় উদ্ভিদের উৎপাদন ও বৃদ্ধি কেবলমাত্র বাদুরের উপর নির্ভরশীল। এরা সকলেই নিশাচর ও অন্ধকার গৃহায় বসবাস করে। এদের বিষ্ঠা বা মল থেকে গুয়ানো(Guano) নামের সার উৎপাদিত হয়।

এরা অনেক রোগের ধারক ও বাহক, যেমন জলাতঙ্ক। এখন অনেকে দাবি করেন করোনা রোগ। যেটা সমগ্র জগৎকে এখন জ্বালাচ্ছে। আমরা অসহায় ভাবে এর কাছে নতি স্বীকার করে নিতে বাধ্য হয়েছি। তবে আশা করি আমরা করোনাকে সম্পুর্নভাবে নিয়ন্ত্রনে আনতে পারবো।

আমাদের বাড়িতে দেখেছি ঘুলঘুলিতে কিন্তু চামচিকা বাস করে ও যেখানে দিনে আলো কম থাকে সেখানে চামচিকা থাকে। বাড়ির সেই সকল ঘুলঘুলি সমস্ত বন্ধ করে ওদেরকে সসম্মানে বিদায় দিয়েছি।

পশ্চিমারা (Western Countries) ঐ বাদুর দেরকে অশুভ শক্তির উৎস হিসেবে মনে করেন। (Bats are potentially associated with darkness, malevolence, witchcraft, vampires and ultimately death.)

অনেকে বিশ্বাস করেন বাদুর দেখতে পায় না, ব্যাপারটা মোটেই ঠিক নয়। বাদুরের জীবন কালো-সাদা। বাদুর কেবল কালো ও সাদা রঙ দেখতে পায়। সব থেকে অবাক করা বিষয় হলো মানুষ যেসব আলোক তরঙ্গ অনুভব করতে পারে না এরূপ অনেক আলোক তরঙ্গ অনুভব করতে পারে, মানে বেনিআসহকলা রঙের আলোক তরঙ্গ তাদের চোখের মোটেই দৃশ্যমান সীমানা নয়। সীমানা আরও অনেক বড়ো।

রক্ত থেকো ভাম্পায়ার কিন্তু এক প্রকার বাদুরই।

তাই এই সকল প্রানীদের থেকে একটু দুরে থাকাই বুদ্ধিমানের কাজ। তাই নয় কি?

Further reading

Bats (Chiroptera) as vectors of diseases and parasites

Facts and Myths

Editors

Sven Klimpel

Heinz Mehlhorn

6

ষষ্ঠ পর্ব শুদ্ধ পানীয় জল ও সুস্বাস্থ্য

জলের অপর নাম জীবন । ইংরেজিতে water (H_2O) বা জল। আমরা সকলেই জানি জল ছাড়া এই পৃথিবীতে কোনো উদ্ভিদ বা প্রানী কেওই বাঁচতে পারে না। দিন দিন আমরা যদি এই জল সংরক্ষণ না করি তাহলে যে ভয়ানক দিন আসছে তা ভাবলে শিহরিত হতে হয়।

এখন থেকেই কিছু সংস্থা জল নিয়ে সচেতনতা শুরু করেছে। সরকারের তরফ থেকেও এই কাজ চলছে তবে জনগণকে আরও সচেতন ও সজাগ হতে হবে।

আমরা যে জল খাই বা যে জলে রান্না করা উচিৎ তাকে শুদ্ধ পানীয় জল বা potable water বলে। বিশ্ব স্বাস্থ্য সংস্থা (WHO) জলের মাণক হিসেবে যা বলেছেন তা সকল দেশে মান্যতা পায় না।

তাই বলা খুবই মুশকিল কোনটি স্টানডার্ড বা তার সমতুল্য।

অস্ট্রেলিয়া, ইউরোপিয়ান ইউনিয়ন, আমেরিকা যুক্তরাষ্ট্র সহ কয়েকটি উন্নত দেশ তাদের জনগনের জন্য পানীয় জলের মাণক ঠিক করেছে।

আমাদের এ বিষয়ে কয়েকটি বিষয় খেয়াল রাখতে হবে--

১) পানীয় জল যেন জীবাণু মুক্ত হয়।

২) ভারতবর্ষের Bureau of Indian Standard (BIS) মতে Total Dissolved Solids (TDS) লিমিট ৫০০ ppm, কিন্তু WHO-র মতে TDS লিমিট ৩০০ ppm ।

৩) আর্সেনিক ও সিলিকা মুক্ত হতে হবে।

৪) pH হতে হবে ৬.৫ থেকে ৮.৫ এর মধ্যে।

আমরা অনেকেই জানি যে , প্রচুর জলবাহিত অসুখ আছে যেমন কলেরা, টাইফয়েড, ডাইরিয়া, আমাশা, পোলিও , মেনিনজাইটিস । এছাড়া নোংরা জলে স্নান করলে সংক্রামক ব্যাধি trachoma হতে পারে (চোখের এক প্রকার সংক্রামক ব্যাধি)।

অর্থাৎ সহজেই বোঝা যায় পরিষ্কার জল পান করলে এই সব রোগ-ব্যাধি হবে না।

তাই সকলেরই সুদ্ধ জল পান করা উচিৎ।

অনেকে বিশ্বাস করেন যে সুদ্ধ জল পান করবো কিন্তু বাসনপত্র নোংরা জলে ধোওয়া মোছা করব, তাদেরকে বলি, বাসনপত্রে জীবাণু সংক্রমণের ফলে মানুষের রোগ হওয়ার সম্ভাবনাও আছে। তাই এই বিষয়টীও গুরুত্বপূর্ণ বলে মনে করছেন বিশ্লেষকরা। বিষয়টি নিয়ে সচেতনতা বৃদ্ধি কেবলমাত্র কার্যকর হতে পারে।

তাই আমাদের ভাবতে হবে জল সংরক্ষণ নিয়ে। বর্ষার পর্যাপ্ত জল পুকুর বা জলাশয়ে বা কৃত্রিম ভাবে ধরে রেখে তা চাষের কাজে লাগাতে হবে এবং সাথে সাথে চাষের জন্য মাটির নিচের জলের ওপর নির্ভরতা কমানো উচিত।

সঠিক পরিকল্পনা করলে এটীর সম্ভবনা রয়েছে।জল আমাদেরই সম্পদ এর সংরক্ষণ আমাদেরই করতে হবে।

আমাদের ক্ষুদ্র ক্ষুদ্র প্রচেষ্টা ই এক মহান কাজের সুচনা হবে বলে আশা করি। জন সচেতনতা বৃদ্ধি করে সকলকে সকল স্তরে এগিয়ে আসতে হবে।আমাদের ভবিষ্যৎ প্রজন্মকে আমরাই রক্ষার দায়িত্ব নেব।

শুভ বুদ্ধি সম্পন্ন মানুষ যখন এটা বুঝবে তখন ভবিষ্যতে এর প্রতিফলন ঘটবে।

<h1 style="text-align:center">7</h1>

সপ্তম পর্ব পা তখন মাটির উপর

প্রাচীন কাল থেকেই মানুষ পৃথিবীতে বিভিন্ন ধরনের শব্দ শুনতে পায়। উৎসুক মন নিয়ে তার উৎসের খোঁজে গিয়েছে। কিছু শব্দ প্রাকৃতিক কিছু কৃত্রিম।

আচ্ছা , কখনও ভালো করে ভেবে দেখেছেন কি যারা অন্ধ তারা কি ভাবে তার চারপাশে ছড়িয়ে থাকা জিনিসকে অনুধাবন করেন বা বোঝেন? !

তাদের কান ও নাক অনেকটা সেই কাজ করে দেয়। আসি ঐ শব্দের ব্যপারে। আমাদের শব্দ সম্পর্কে যে পূর্ব অভিজ্ঞতা আছে তখন আমাদের মস্তিষ্ক তার সাথে মিলিয়ে দেখে ও শব্দ সম্বন্ধে প্রকৃত ধারনা হয়।

যদি পূর্ব অভিজ্ঞতা না থাকে তাহলে কি হবে?!

তাহলে আমরা তখন বলি, শব্দটা আমাদের কোনো একটা জানা শব্দের মতো। এই সময় আমাদের যে অভিজ্ঞতা নেই তাই আমরা বুঝতে পারি ও অন্যভাবে তার বিশ্লেষণ করি। তাই না?! আচ্ছা ঐ শব্দ আসলে কি, যার জন্য এত কিছু আয়োজন?!

শব্দ একপ্রকার শক্তি যেটা কম্পনের সহিত তরঙ্গ রূপে গ্যাস, তরল ও কঠিন মাধ্যমে পরিবাহিত হয়। বায়ু মাধ্যমেই শব্দ সেকেন্ডে ৩৪৪ মিটার যেতে পারে। একে এক ম্যাক গতি বলে। রকেট, জেট, ক্ষেপণাস্ত্র (মিসাইল) জাহাজ নির্মাণ শিল্পে ম্যাক এককের ব্যবহার হয়।

আচ্ছা কখনও কি ভেবে দেখেছেন এই শব্দ অনেক সময় শুনতে ভালো লাগে ও অনেক সময় বিরক্তিকর মনে হয়। তাই না।

খুবই সত্য। কারণ সুমধুর শব্দ মানুষের মস্তিষ্কে ভালো অনুভূতি তৈরি করে। যেমন মিউজিক। আর কর্কশ শব্দে বিরক্ত আসে কারণটাও সকলেই জানি।

আচ্ছা এগুলো সবই কিন্তু আমরা শুনতে পাই।

এমনো তো হতে পারে এমন কিছু থাকবে যা আমাদের শ্রবণ ক্ষমতার বাইরে। সেগুলো আমরা শুনতে পাই না, কিন্তু কুকুর, বিড়াল, বাদুর ও অন্যান্য প্রানীরা শুনতে পায়।

একটু ভাবুন তো?!

আমরা না জগতের শ্রেষ্ঠ জীব। কোন দিকে কারন মানুষের যেটা আছে মস্তিষ্ক, ঘটনাকে গভীরে বিশ্লেষণ করার ক্ষমতা। কোনটি ভালো কোনটি খারাপ বোঝার ক্ষমতা। নিখুঁত পরিকল্পনা করার ক্ষমতা। অন্তরের বিবেক যেটা আরও একবার জাগানো খুবই দরকার।

মানুষের শ্রেষ্ঠ, তার উপরে নেই।

৪

অষ্টম পর্ব মেরুদন্ড

আচ্ছা, আমরা সকলেই জানি আমাদের দেশ ভারত বর্ষ ২০০ বছরেও বেশী শাসন করেছেন ইংরেজরা। ইতিহাসে তা পড়ানো হয়। আমরা পড়ি। আমাদের দেশের ইতিহাসে স্বাধীনতার সংগ্রাম ও তার ইতিবৃত্ত ও পড়ানো হয় যাতে আমাদের একটা সম্যক জ্ঞান হয়।

পড়তে পড়তে একটা জিনিষ কি আপনারা লক্ষ্য করেছেন যে অধিকাংশ স্বাধীনতা সংগ্রামী বাঙলার। কাকে বাদ দিয়ে কার নাম করি?!

এতে সব থেকে বেশি বেগ পেতে হয়েছে কিন্তু ইংরেজদের, কারন তাঁরা ভারতবর্ষকে শাসন করতে। তাঁরা বাঙালী জাতির জ্ঞান, বুদ্ধি, অনুশাসন, একতা, আত্মিক দৃঢ়তা, অদম্য জেদ সবাই দেখেছেন ও শঙ্কিত হয়ে পড়েছেন। ফলস্বরূপ ১৯০৫ সালে বঙ্গভঙ্গ দেখেছি ও তার ইতিবৃত্ত ও কুফল আমরা ভোগ করেছি। ইংরেজদের অনেক আগেই উপলব্ধি হয়েছিল বুদ্ধিমান বাঙালিকে এক সাথে রাখা মোটেই ইংরেজদের পক্ষে লাভের হবে না। কারন তাঁরা এসেছিল এদেশে ব্যবসা প্রতিষ্ঠান করতে। উন্নয়ন করার বা সেবা করার জন্য নয়। শোষন করার জন্য ও নিজের দেশ ব্রিটেনের উন্নয়ন করার জন্য।

তাদের সেই পরিকল্পনার অন্তরায় হয়ে দাঁড়ায় ঐ বিপ্লবীরা। তাঁরা ছিলেন গর্বিত ও দেশমাতৃকার মুক্তির দাবিতে সরব ও নিবেদিত প্রান। মনে রাখবেন আজ ও বিশ্বের সকল মানুষ বাঙালিদের সমীহ করেন।

আজ আমি আপনাদের দারুন একটি গল্প বলব।

জার্মানদের!!

তাদের কুখ্যাতি সম্বন্ধে জানি আমরা । একটি ব্যক্তির কথা মনে পরে, হিটলার!

দ্বিতীয় বিশ্বযুদ্ধে শোচনীয়ভাবে পরাজয়ের পর পশডাম কনফারেন্স (Potsdam Conference) হয়।

আমরা জানি জার্মানি ছিল একটি শক্তিশালী শিল্পোন্নত দেশ। ঐ কনফারেন্সের মূল উদ্দেশ্য হল ঐ সব ভারী শিল্পগুলো ধ্বংস করা ও কৃষি ভিত্তিক শিল্পে উৎসাহ দেওয়া ও জার্মানদের এক শ্রমিক শ্রেনীতে রূপান্তরিত করা।

দ্বিতীয় বিশ্বযুদ্ধের পর দেশের শক্তিকে দুর্বল করার জন্য দেশটি চার ভাগে খন্ডিত করা হয়। তার নিয়ন্ত্রন ক্ষমতা ছিল যথাক্রমে পূর্বতন সোভিয়েত ইউনিয়ন, ব্রিটেন, ফ্রান্স ও আমেরিকা যুক্তরাষ্ট্রের কাছে।

ঐ সময় তারা জার্মানদের কি উন্নয়ন করেছে তার বিবরন এখানে দেওয়ার কোনও প্রয়োজন নেই। এক লাইনে বলা যায় , যত ভাবে ঐ জাতির ধ্বংশ করা যায় তার গনতান্ত্রিক সকল উপায় তারা করেছেন।

ইতিহাস কথা বলে।

যাই হোক ২৩ শে মে ১৯৪৯ সালে ফেডারেল রিপাবলিক অব জার্মানি (FRG) বা পশ্চিম জার্মানি তৈরি হয় যেটা মূলত ফ্রান্স ও আমেরিকা যুক্তরাষ্ট্রের প্রভাবিত। এর রাজধানী হয় বন্ (Bonn) ।

৭ই অক্টোবর ১৯৪৯ সালে জার্মান ডেমোক্রাটিক রিপাবলিক বা পূর্ব জার্মানি তৈরি হয় যেটা মূলত পূর্বতন সোভিয়েত রাশিয়া প্রভাবিত। বার্লিন হয় এর রাজধানী।

ঠান্ডা যুদ্ধ (Cold)চলাকালীন দুই জার্মানি একে অপরের বিরুদ্ধে লড়াইয়ে অবতীর্ণ হয়েছে ও বিরুদ্ধাচরণ করেছে।

কিন্তু সোভিয়েত রাশিয়া ভেঙ্গে যাওয়ার পর এই অবস্হার পরিবর্তন হয়।

পশ্চিম জার্মানি ইউরোপিয়ান ইউনিয়নের অন্তর্ভূক্ত হয় ও পূর্ব জার্মানি থেকে রাশিয়ার প্রভাব মুক্ত হয়।

জাতীয় আঙিনায় দুই জার্মানির আলোচনা শুরু হয়।

দুই জার্মানি যেহেতু জার্মান ভাষায় কথা বলে ওদের খাওয়া-দাওয়া , সংস্কৃতি সবই এক রকম তাই ৩ই অক্টোবর ১৯৯০ (Unification Day,) একত্রিত হয়ে গেছে।

নতুন দেশের নাম হয় ফেডারেল রিপাবলিক অব জার্মানি (Federal Republic of Germany)। এর রাজধানী হয় বার্লিন।

সেই থেকেই জার্মানি ইউরোপ তথা বিশ্বের মানচিত্রে এক উন্নয়নশীল নয় উন্নত দেশ হয়ে উঠেছে কারন তাঁরা এক উদ্যমী, পরিশ্রমী জাতি ও তারা নিজেদের মধ্যে সহযোগিতা করে ও কঠোরভাবে নিয়ম মেনে চলে দেশের উন্নয়ন ও সমাজের উন্নতির জন্য।

এদের এই বিষয়টি শিক্ষনীয় বলে আমার মনে হয়। তাই নয় কি?!

আমরা জানি হিস্ট্রি রিপিট ইটসেল্ফ।

৯

নবম পর্ব যেদিকে চোখ যায়

সকল ভাষার মূল কাজ হল মনের ভাব সঠিক ভাবে প্রকাশ করা। কিছু কিছু ক্ষেত্রে মানুষের মনের ভাব কথায় না বলে কাজে প্রকাশ করতে হয়।

সে ক্ষেত্রে অনেক সময় কথা না বলাটাই এক ধরনের ভাব প্রকাশ করা।

মানুষের ব্যক্তিত্ব, কথা বলার ভঙ্গিমা, কথা বলার গতি, করার মধ্যে হাস্যরস মিশিয়ে বলা, কথা বলার সময় গলার স্বরের মাত্রাও কিন্তু অনেক কিছু নির্ভর করে।

অনেক সময় কথা না বলে চোখের ইশারা, হাত-পা সহ দেহের ভঙ্গিমায় মনের ভাব সঠিক ভাবে প্রকাশ করা যায়।

হ্যাঁ, আমরা অনেকেই তা কিন্তু করে থাকি? তাই না।

এটা কিন্তু আমাদেরকে শেখাতে হয় না। যেহেতু বাঙলা আমাদের মাতৃভাষা তাই এটা আমাদের অনেকটা জন্মগত।

ইংরেজিতে Non-verbal communication বলে যা পরিচিত তার বিবরন এখানে দেওয়ার কোনও প্রয়োজন নেই।

ঐ ধরনের যোগাযোগ বিশ্বের প্রায় সকল ভাষাতেই এক তা হল সঠিক ভাবে মনের ভাব প্রকাশ করা।

ভাবতে অবাক লাগে একই কথা বিভিন্ন ব্যক্তিকে বিভিন্ন ধারনা দেয়।

অনেক সময় মানুষ তার সাথে থাকা ব্যক্তির বুঝতে পারার ক্ষমতার উপরেও এই ধরনের non verbal communication করেন কারন এতে

"

কিন্তু অন্য এক আনন্দের উপলব্ধি আছে। এতে মানুষের দেহে সুখকর হরমোন অক্সিটোসিন ও নির্গত হয়। যা একেবারেই স্বাভাবিক এবং স্বাস্থ্যের ক্ষেত্রে এটি কিন্তু যথেষ্ট পরিমাণে উপকারী।

তবে মিথ্যাবাদী ব্যক্তির ক্ষেত্রে এসব কিছুই খাটে না। তাই মিথ্যাবাদীরা নিজেরাই নিজেদের জন্য সাবধান হোন। সামনের ব্যক্তিটিকে হয়ত আপনি ঠকাচ্ছেন, আপনারা মনে রাখবেন, আপনারা সাথে সাথে নিজেদের দেহের গুরুত্বপূর্ণ অঙ্গ-গুলির ধীরে ধীরে ক্ষতিসাধন করছেন, এতে উচ্চ রক্তচাপ সহ বহু কঠিন রোগ আপনার শরীরের মধ্যে বাসা বাঁধতে শুরু করে।

তাই এরপর কোন মিথ্যা বলার আগে নিজেরাই একটু ভাবুন কেবলমাত্র নিজের ভালো ভেবে। প্রয়োজন হয় চুপ থাকুন ও সুস্থ থাকুন। আজ হয়ত বুঝতে পারবেন না। ব্যাপারটি বহুদিন চলতে থাকলে, ফল যে কি হবে তা কি কারো অজানা আছে?

কোন সময় প্রকৃতি তার নিয়ম বদলায় না।

10

দশম পর্ব ঘড়ি তখন বারোটা

আমাদের হাতে কত না কাজ থাকে? অনেক সময় কল্পনাও করতে কষ্ট হয়। তখন যদি মাথাটা ঠান্ডা রেখে ভাবা ছেড়ে দিয়ে কাজ গুলো একে একে করতে থাকি, দেখবেন একটা সময় কাজগুলো হয়ে গেছে । এর জন্য সর্বপ্রথম যেটি দরকার সেটা হচ্ছে পরিকল্পনা। যার পরিকল্পনা যত নিখুঁত সেই ব্যক্তি তার ব্যক্তিগত জীবনে তত বেশি সফল। পরিকল্পনা হীন মানসিকতা স্থবীরতারই নামান্তর।

পরিকল্পনা করার সময় সবথেকে গুরুত্বপূর্ণ ব্যাপার হল মাথা ঠান্ডা রাখা।

কোন মানুষ যদি পরিকল্পনা করার সময় ও তার প্রয়োগের সময় এই কাজটি করতে পারে তাহলেই ৯০% তার কাজ হয়ে যায়।

এছাড়া টীমের প্রত্যেক সদস্যের ঐ কাজের ধরন ও অবজেক্টিভ সম্বন্ধে সম্পূর্ণ জ্ঞান বা ধারনা থাকা প্রয়োজন।

প্রত্যেককে ঐ কাজের প্রতি ১০০% সময় দিতে হবে তাতে সময় মতো বা সময় পূর্বেই ঐ কাজটা শেষ করা যায়।

কোন কাজ সফল হবে কিনা তার সব থেকে বেশী নির্ভর করে টীম লিডারের শারীরিক ভাষার উপর কারন টিমের প্রধান যদি বিশ্বাস করে কোন কাজ সঠিক সময়ে সঠিক ভাবে হবে , তো কাজটিকে কেও আটকাতে পারবে না, কারন টীম লিডারের বিশ্বাস প্রত্যেকটা সদস্যের আত্মবিশ্বাসে

পরিনত হয়। আর কোন কাজে যখন আত্মবিশ্বাস তখন তাকে রোখে কার সাধ্য?

আজ আপনার কর্ম, আপনারই ভবিষ্যৎ গড়তে সাহায্য করবে। আমার কর্ম আমার।

সফলতার কোনো সহজ উপায় নাই, there is no shortcut in success.

চালাকি করে কোন মহৎ কাজ করা যায় না। আমার নিজের জীবন দিয়ে আমি বিশ্বাস করি।

তবে প্রত্যেক ক্ষেত্রে লক্ষ্য রাখতে হবে সব জায়গায় কিছু ধূর্ত ব্যক্তি থাকে তাদের থেকে সাবধান থাকা দরকার অন্যথায় 'নেপোয় দই মেরে' দেবে আর আমরা খেটেই যাবো।

ঐ সব ব্যক্তিদের জন্যই ' ঘড়ি তখন বারোটা '।

বুঝলেন না তো!

অর্থাৎ আপনি যখন বুঝলেন সামনের ভদ্রবেশী ব্যক্তিটি আপনার উন্নতিতে পরশ্রীকাতর তখন এই জগতে টিকে থাকার পথ আপনাকেই বের করতে হবে।

'ঘড়ি তখন বারোটা' আপনি বলেছেন ঘড়ি খারাপ ও সে বুঝলো ঘড়িতে বারোটা বেজে গেল।

মজার বিষয় তাই না।

আমি মনে করি " Strong dedication with integrity to work is the key of every success"

আপনারা কি বলেন?

বাধা আসবে, আরে! তাতেই তো জেতার আসল মজা। যে কাজে যত বাধা, সে কাজে সফল হওয়ার আনন্দ তত বেশী।

Duty with determination, dedication যে কোন কাজের জয়ের একমাত্র চাবি কাঠি।

11

একাদশ পর্ব কান দিয়ে দেখা

"আপনি এত কি ভাবছেন বলুন তো?" অমিত-বাবুকে উদ্দেশ্য করে বলেন নুপুর।

"কিছু না।" উত্তর এল।

অমিত-বাবুর মনে কিন্তু ভাবনাটা এখনও থেকেই গেছে।

দুইজনের সম্পর্কটা কিন্তু বাপ মেয়ের। খুব ভালো।

নুপুর পড়াশোনাতে খুব ভালো ছিল। ও বর্তমানে সফল একজন ব্যক্তি। ভালো রোজগার করে। বাবা তাকে উন্নত সংস্কার দিয়ে মানুষ করেছেন। একজন বড় চিকিৎসক।

অথচ ছোট বেলায় ওর মা ঠিক ছিল অন্য রকম। একজন আপন-ভোলা মানুষ। সকলেই বিচার বিশ্লেষণ ছাড়াই বিশ্বাস করতেন।

নুপুর বাচ্চা-বেলায় তার গ্রামের বাড়িতে অন্যান্য ছোট ছোট ছেলেমেয়ের সাথে খেলা করতে ভালো বাসতো।

অনাবিল আনন্দে আত্মহারা হয়ে যেত তার মন। গুলতি, চোরপুলিশ সহ কত না খেলা সে খেলত।

প্রত্যেক বার খেলা শেষে তার মা'কে ঐ খেলার ফলাফল জানতে চাইত। কখনোও বলত "মা আমি খেলাতে জিতেছি।"

আবার কখনও বলত " মা আর একটু হলে জিতে যেতাম।"

ছোট বেলা থেকেই নূপুর তার মনে কেমন যেন এক জয়সূচক জেদ বহন করত।

তাই যখন সে খেতে চাইত না তখন বাবা মেয়েকে মজার ছলে খাওয়ার জন্য এক কম্পিটিশন শুরু করে দিতেন। বলতেন "নূপুর খাবার খেতে সব থেকে দেরি করে এবং ও সবথেকে শেষে খাওয়া শেষ করবে!"

ব্যস আর যায় কোথায়!

সকলের অলক্ষে বাবা, মেয়ের মধ্যে এক অদ্ভুত প্রতিযোগিতার বীজ বপন করে দিয়েছেন। যেটাতে নূপুর অজান্তেই তার মস্তিষ্কের কার্যক্ষমতা বৃদ্ধি করেছে এবং তা এখনও পর্যন্ত করে চলেছে।

মা গত হয়েছেন গতবার করোনায় কিন্তু সে দমে যায় নি।

সবাই তখন নিজের প্রান ভয়ে জবুথবু, তখন বীরাঙ্গনাদের মতো রোগীদের সেবা করেছে। বাবার সেই কথা আজো তার কানে বাজতে থাকে।

মায়ের সেই ভালোবাসা মস্তিষ্কের ক্ষমতা আরও বাড়িয়ে দেয় ও মনকে ভিজিয়ে দেয়।

বাবা আজ শয্যাগত। কথা বলতেই পারেন না।

তবুও আজো কর্ণকুহরে কে যেন বলে যায়, হারলে হবে না জগতের জন্য জিততেই হবে।

তাই এই সকল মানুষ তার পারিপার্শ্বিক পরিবেশ দ্বারা সম্পূর্ণভাবে প্রভাবিত।

12
দ্বাদশ পর্ব পদক

"কাকা এই দেখ!" বলে অনিমেষকে জাপ্টে ধরলো মতিন। হাতে তার ম্যাথ অলিম্পিয়াডের স্মারক ও সার্টিফিকেট, ন্যাশানাল লেভেলের।

অনিমেষ বাড়ির তিন ভাইয়ের মধ্যে দ্বিতীয়। বয়স সাতচল্লিশ। মতিন বাড়ির একমাত্র পুত্র সন্তান। বয়স তেরো।

ছোট বেলা থেকেই সে খুব আদরেই মানুষ হয়েছে। পড়াশোনাতে তুখর! পাড়া ও এলাকাবাসীর বড়ো আদরের। এলাকার অনেক মানুষ আজ মতিনদের বাড়িতে, তাকে উৎসাহ দিতে এসেছেন। সবাই উৎসাহ দিচ্ছেন, কেউ আবার তার ভবিষ্যৎ পরিকল্পনার কথা জানতে চাইছেন।

এলাকার কোনো কোনো ব্যক্তি তাদের কোনো কোনো নিকট আত্মীয়ের সাথেও তুলনাও করছেন মতিনের সঙ্গে।

তার মা-বাবা ছেলের সাফল্যে গদগদ।

বাড়িতে প্রায় উৎসবের আমেজ।

হঠাৎ অনিমেষের চোখে অশ্রু।

থাকতে না পেরে দাদা বলে উঠল, " কি হল অনিমেষ! আবার মনে পরে গেল নাকি!"

"হ্যাঁ" বলার সাথে সাথে প্রায় দুজনের চোখের জল আর বাধা মানল না।

বাড়িতে আগত সকলেই হতবাক। ব্যাপারটি কি! এই আনন্দের দিনে----
!

ওদের মধ্যে একজন বলে উঠল, "অনুপকে মনে পড়ে! এবাড়ির ছোট ছেলে। অত্যন্ত মেধাবী। এই পাশের গ্রামের হাইস্কুল থেকে প্রথম ন্যাশানাল

স্কলারশিপ পেয়েছিল ক্লাস এইটে।"

এলাকার সবাই খুব খুশি ছিল। ঘটা করে আমরা তো মিষ্টিও খেয়ে ছিলাম।

তার সাফল্যে সবাই খুশি। নিশ্চয় ও বড়ো হয়ে এলাকার মুখ উজ্জ্বল করবে।

বাড়িতে সবে বাইকটি কেনা হয়েছিল। আনন্দে আত্মহারা ছিল দুই ভাই!

চলল দুই ভাই বর্ধমান।

ডিআই অফিস থেকে ও ন্যাশানাল স্কলারশিপের সার্টিফিকেট ও জলপানি আনতে।

বাইকে করে।

কিন্তু হায়! পথের এক বাঁকে চলন্ত বাসের সাথে মুখোমুখি সংঘর্ষ। সে আর ফিরল না। চলে গেল কোন সে না ফেরার দেশে। রইল পরে সেই স্মৃতি।

মাঝে মাঝে আঁৎকে উঠে সে। মনে মনে ভাবে সেই ভাইয়ের কথা।

তাই অনিমেষের এই অশ্রু কি আনন্দের ! না অন্য কিছু।

বাড়িতে তাই আনন্দের মধ্যে কোথায় যেন একটা থামতি থেকেই গেল।

জানিনা তার পর আর কি হল।

শুধু মনটা ভারাক্রান্ত হল।

অলক্ষ্যে কি যে হল আমারও চোখে।

শুধু মতিনকে বললাম "May God bless you!"

13

ত্রয়োদশ পর্ব হবেই হবে

সুমিতা, বাড়ির একমাত্র মেয়ে। বয়স এখন দশ। ওর বাবারা চার ভাই। প্রত্যেকের এক-একটি করে সন্তান। ছেলে।

বুঝতেই পারছেন, ও একটু বেশি আদর পেয়ে মানুষ হচ্ছে। একটু আবেগপ্রবণ, অন্যায়ের বিরুদ্ধে ন্যায়ের পক্ষে বলার জন্য তৎপর। ঠাকুমার নয়নের মনি। দাদাদের আদরের ছোট বোন। সমাজের কঠিন বাস্তবতা তার কাছে অধরা।

ছোট কাকি নীলিমা ব্যাপারটি সব সময় ভালো চোখে দেখতো না। কারন সে চাইত মেয়েটি বাস্তবতার সাথে পরিচিত হোক, অলিকের সাথে নয়। শিক্ষার সাথে পরিচিত হোক, কুসংস্কারের সাথে নয়। নব নব বিজ্ঞানের সাথে পরিচিত হোক, বিজ্ঞাপনের সাথে নয়। তাই সে শাশুড়ির নাতনির প্রতি আদিখ্যেতা দেখে না থাকতে না পেরে বলে উঠলো-" মা, বাচ্চাটিকে একবার পড়তে বলুন। ও তো সারাদিন টো টো করে ঘুরে বেড়ায়। একবার এটা ভাঙে, একবার ওটা!"

আর যায় কোথায়!

কুরুক্ষেত্র!

কে যেন বলে উঠল-" আর তো আট দশ বছর। নাতনির বিয়ে দিয়ে দেবেন, ভালো রোজগেরে ছেলে দেখে। সব সমস্যার সমাধান।"

সুমিতা সেই অজানা সঙ্গীর কথা বুঝতে পারলো না।

শুধু সে চিৎকার করে বলে উঠল- "না, কক্ষনো নয়।"

ততক্ষনে ঠাকুমার মাথাও ঠান্ডা হয়েছে।

তিনি বললেন- " ঠিকই তো! তা কেন হবে। আগে স্বাবলম্বী। পরে অন্য কিছু।

" তাহলে নাতনিকে, আদরের সাথে সাথে একটু আধটু পড়তেও বলুন। আমাদের কথা তো ও শোনে না। যদি ওর ভালো চান।"

বাড়ির তিন প্রজন্মের আলোচনা বা ঝগড়া, আপনারা যাই বলেন না কেন পাড়ার কিছু লোকের কাছে তা ছিল মজার উপভোগ্য বিষয়।

অনেকে ব্যাপারটি বেশ উপভোগ করতেন। কেউ কেউ বলতেন - " নাটক।"

তারপর আরো আট-বছর কেটে গেছে।

এখন সে নিজের কোনটা ভালো ও মন্দ বিচার বিশ্লেষণ করে দেখে। অধ্যবশায়ী।

দাদু একদিন বলল- " তাহলে আই, আই, টি তেই তো!"

গর্বভরে নাতনি বলল-" হ্যাঁ!"

আরও বারো বারো বছর কেটে গেছে।

একদিন কৌতুহল বসত নীলিমা সুমিতার কাছে গিয়ে বলল-" কি এমন হল! তুই এতো বদলে গেলি। চঞ্চল থেকে এমন অধ্যবশায়ী। ও এত সফল।"

সে শুধু বলল - " যেদিন ঠাকুমা গল্প বলল, তোর বাবাকে আমি বললাম, তোর জন্মের আগে লিঙ্গ নির্ণায়ক পরীক্ষা করাতে, কিন্তু তোর বাবা তা শুনল না। সেদিন আমি মনে মনে একটি প্রতিজ্ঞা করে ছিলাম। সফল হয়ে দেখাবো।"

আর কাকি নীলিমাকে জিজ্ঞাসা করল- " তোমাদের সকলের তো একটা করে ছেলে। তোমরা গিয়েছিলে নাকি করাতে?"

কোন উত্তর দিল না কাকিমা।

শুধু বলল ঐ বুড়ীর প্রতি সেই জন্যেই এত রাগ।

14

চতুর্দশ পর্ব নিজের মুল্য

"ঐ চেয়ারটিতে বস। বেশী দৌড়াদৌড়ি করিস না।" অনূপকে বলল সুনীল। অগত্যা তাই বসল আর মনে মনে ভাবে, ইস! টিউশনিটা আজো আবার কামাই হবে। গত পাঁচ দিন পড়াতে যায় নি। আগামীকাল মাসের শেষ দিন। এঘটনা এ মাসেই প্রায় পনের দিন হল। ছাত্রদের বাবারা কি ভাববেন কে জানে? মাস মাইনে পাব তো?

আর সে মুখে বলল- "দাদা আসছি! একটি জরুরী কাজ পরে গেছে। একটু তারাতারি করা যাবে না? তুই মনে করলে ঐ পাঁচ হাজার টাকা এক্ষুণি দিতে পারবি।'

" টাকা কী আর গাছে ফলে। একজনকে বলে রেখে ছিলাম। ব্যাটার মুখ তো দেখি না। কি করি বল তো?" সুনীল মুখে বলল আর মনে ভাবলো ঐসব অভাবীদের ধার দিলে কবে ফেরত পাবো তার কোনো ঠিক নেই যতসব উটকো ঝামেলা।

মুখের উপর না বলাটা কেমন দেখায়। তারপর সুখে -দুঃখে ডাকলে ওকে পাই।

এতক্ষণে অনুপ তার মনের কথা জেনে গেছে। "নারে ভাই! আর না, আসছি" বলে সটান ওখানে থেকেই বেড়িয়ে আসে সে। মনে মনে ভাবে বিপদে না পরলে মানুষ চেনার উপায় নাই। তার জন্য কত না করেছি। আজকাল বিনিময়ে কিছু যে আশা করি সেটাই ভুল।

ঘটনাটা কোনো ভাবেই সে মেনে নিতে পারছিলো না।

মায়ের কাছে আবারও মিথ্যা কথা বলতে হবে। আগামীকাল মায়ের ডাক্তার দেখানোর কথা ছিল। এ নিয়ে তিনবার ডাক্তারবাবুর কাছে দিন পরিবর্তন করেছি। মায়ের পায়ের ব্যাথা , সহ্য করছে মুখ বুজে। আর দেখা যায় না। কয়টা মাত্র টাকার জন্য আমার এ অবস্হা। ভাবতে আমার লজ্জা লাগে।

এই সব আকাশ পাতাল ভাবতে ভাবতে তাঁর চোখে জল চলে আসে।

ভাবে আর যাই হোক রোজগার করতে হবে। নাহলে জীবনের কোনো মূল্য নেই। খালি পেট ও শূণ্য পকেটে আসলে পৃথিবীর চেহারা অন্যরকম।

শিক্ষা ও জ্ঞানের কোন সেখানে জায়গা নেই।

শুধু বাবার কথাগুলো মনে পরে।

বাবা বলতেন-" সময় অমূল্য। সময়ের যে মূল্য না দিতে শেখে তার জীবনের কোনদিন উন্নতি হতে পারে না। স্বয়ং ভগবান ও তার প্রতি বিরূপ থাকেন। সময়ই পারে সবকিছু ঠিক করতে। তাই কক্ষনো সময় অপচয় করা উচিৎ নয়।"

হায় ! যদি বাবার ঐ কথাগুলো মেনে চলতাম তাহলে মা আমার সুচিকিৎসা পেতেন ও আমার ও আজ সংসার হতো।

এখন বুঝতে পারছি- "ইতিহাস তো সফলদের মনে রাখে ও অন্যদের উচিৎ শিক্ষা দেয়।"

15

পঞ্চদশ পর্ব তখন বিকেল

"আজ দিনেশ এলো না কেন বেড়াতে? একটু খোঁজ নিয়ে দেখি তো ওর কী হল।" বললাম অসীমকে।

তিনজন অভিন্ন হৃদয় বন্ধু। এবছর স্কুল ফাইনাল দেবো। সারাদিন পড়াশোনা করার পর বিকেলে একটু হাওয়া খেতে বের হই। তিন জনে এক সাথে হাঁটতে থাকি ও নানান রকম আলোচনা করি। পরীক্ষা, ভবিষ্যৎ পরিকল্পনার কথা ও অনেক সময় নিছকই আড্ডা।

গ্রামের মেঠোপথ দিয়ে হাঁটতে হাঁটতে অনেক সময় চলে যাই ভবিষ্যতে গ্রামের কি অবস্হা হতে পারে এমন কথায়।

রেডিও ও খবরের কাগজে যেসব খবর বের হয় তাও থাকে আলোচনার মধ্যে।

দিন শেষে তিনজন একত্রিত না হলে কারোর রাত্রে ভালো ঘুম হয় না। এ যেন এক আকর্ষণ বা অমোঘ নেশা।

"চল। দেখে আসি। " - বলে দুজনে মিলে চললাম দিনেশের খোঁজে তার বাড়ি।

আসতে আসতে কয়েক জনের কাছে ওর ব্যাপারে খোঁজখবর নেওয়ার চেষ্টা করলাম কিন্তু কেও তার খবর জানে না।

তাই অগত্যা তার বাড়ি পৌঁছালাম।

তখন অবশ্য আজকের মতো মোবাইল ছিল না। আমরা অনেকেই জানি আজ থেকে পঞ্চাশ বছর আগের কথা। তখনকার সমাজ ব্যবস্হাপনা! বন্ধুত্ব ছিল নিখাঁদ। বন্ধুর সংখ্যা ছিল কম কিন্তু হৃদয়ের মিল ছিল।

দেখি ওর বাবা শুয়ে আছে। বাড়িতে লোকে গিজগিজ। প্রত্যেকে এর ওর মুখ চাওয়া চাওয়ি করছে।

হঠাৎ পাড়ার মাতব্বর বলে উঠল, "ওরে দেখছিস কী? দেখছিস না ওকে জাত সাপে ছুঁয়েছে? ওঝা ডাক।'

দিনেশের সৎমা ফ্যালফ্যাল করে তাকিয়ে আছে। হতভম্ব। সৎভাই তারস্বরে চিৎকার করছে আর বলছে -"বাবার কি হলো! কথা বলছে না কেন?"

করুন দৃশ্য।

আমাদের বয়স কম। কি জানি কি করতে হবে? তবে প্রিয় বন্ধুর কথা ভেবে বলে উঠলাম, "ওঝা কেন? চলো হাসপাতালে নিয়ে যাই।"

দেখা যায় না সে দৃশ্য!

ওর বাবা আমাদের পুত্র স্নেহ করেন। কেমন যেন আত্মিক সম্পর্ক ছিল।

মনে ভাবলাম এসব থয়ের খাঁ গুলোর মত নিলে কি হবে কে না জানে?

অগত্যা শুরু হল বাকবিতণ্ডা!

প্রায় দুঘন্টা পর যাত্রা শুরু করে যখন কাটোয়া সদর হাসপাতালে পৌছালাম তখন রাত ১১ টা।

কি করবো বুঝতে পারছি না। উন্মাদ। ডাক্তারের খোঁজে।

ডাক্তার এলেন, দেখলেন।

কোন কথা না বলেই চলে যাচ্ছেন দেখে বলে উঠলাম-" কেমন দেখলেন ডাক্তারবাবু?

চিৎকার করে বলে উঠলেন- " আর একটু পরে আনতে হতো। যতসব!'

আজো আফসোস হয়।

16

ষোড়শ পর্ব পাষাণী

"আরে সরে যা! ছেলেকে ওর নজর পড়তে দিস্ না। খেয়ে নেবে। " - এই কথাটি বলছিল আহ্লাদীর মা। তার মেয়েকে।

পূজার সময় সে বাপের বাড়ি এসেছে। এসেছে কয়েক দিন । আরও কয়েকটি দিন থাকবে বলে। কোলে তার সাত মাসের ছেলে। দুই দিন ধরে কাঁদছে। কারন তাদের অজানা।

পাড়ার মধ্যে কারো পড়াশোনার দিকে ঝোঁক নেই। দিন আনে দিন খায়। উদরের অন্য জোগাড় করতেই হিমসিম। আবার পড়াশোনা!

এসব বললে রে রে করে তেড়ে আসে।

" বলে রাখো তো এসব কথা। আমরা আগে দুবেলা দুমুঠো পেট ভরে খেতে পাই, তার পর সব শুনবো।

বাবু তোমাদের ঐ লেখাপড়া, বুঝি নি বাপু। এসব তোমাদেরই জন্য।"

সত্যই তো। আগে তো খাওয়া, তারপর পরিধান ও বাসস্থান।

ওদের ঐ কথাগুলো বুকে শাণিত অস্ত্রের মতো বিঁধতে লাগলো। নিশ্চুপ ও নির্বাক।

নিজেকেই নিজে দোষারোপ করতে থাকলাম মনে মনে, কিন্তু মুখে বললাম-" নিমাই এর মায়ের থেকে বাচ্চাকে এরূপ লুকিয়ে রাখছো কেন? ওর মা তো শুনেছি বাচ্চা ভালোবাসে!"

আমার ঐ কথাগুলো শুনে ও রেগে গিয়ে চিৎকার করে উঠল আর বলল- " ভালোবাসা না ছাই! গতকাল আনন্দের সদ্য বেয়ানো গাইটিকে খেল। ওর গাই ছিল তিন কেজি দুধের। দেখো এখন ওর বাঁট দিয়ে রক্ত বেরোচ্ছে। ওর

চোখেই আছে কুলক্ষণ ! আমরাই খুব ভয়ে আছি , কি হয়? গতকাল গুণীণ এসে বলেছেন পাড়ায় যত সমস্যা ওর জন্য।"

হতবাক হয়ে গেলাম ওর কথা শুনে। বললাম -" তাই নাকি? ভয়ানক বিষয়। তাহলে কি হবে?"

আনন্দ সপরিবারে নিমাই দের বাড়ি গিয়ে তুমুল ঝগড়া করেছে শুনেছি কিন্তু বিস্তারিত জানিনা। ঐ সব জেনে কিছুটা অবাক হলাম।

আনন্দ আমার সমবয়সী। জানতাম না এরকম গোঁড়া।

নিমাই এর মায়ের ঝার-ফুক হয়ে গেছে! যজ্ঞের ধোঁয়া ও উপবাসী হয়ে দুর্বল ও শান্ত মানুষটি খুব কাহিল হয়ে পড়েছে!

এই সুযোগে ধূর্ত গুণীণ বাবাজী বেশ কিছু পয়সা উপার্জন করতে পেরেছে।

আরো প্রায় দশদিন কেটে গেছে।

এখন ঋতু পরিবর্তনের সময়, সকলের কিছু না কিছু শরীরের সমস্যা। তাই বলে এই পরিবর্তনের দায় অন্যকারো উপর দেওয়া কতটা যুক্তিসঙ্গত আপনারাই বলুন।

আর গরুর সমস্যা ভেটেনারী ডাক্তারকে দেখালে সমস্যার সমাধান হবে বলে মনে করি, কিন্তু তার না করে-

হয় রে। চলছে আজো।

নিমাই এর মা সিয়ান হাসপাতালে মৃত্যুর সাথে পাঞ্জা দিয়ে লড়ছেন।

আজো চলছে একই ধারায়।

" ভাবি, আমাদের বড়াই করা কতটা যুক্তিসঙ্গত আর লজ্জায় মাথা হেঁট হয়ে যায়!"

17

সপ্তদশ পর্ব চরণ তব ছুঁয়ে যাই

অনেক ক্ষণ কাঁচুমাচু করার পর অশোক বাবু বললেন- " স্যার, ঘরের দরজাটা একটু খুলবো।"

ঐ অশোক বাবু হচ্ছেন, আরামবাগ বি, ডি, ও অফিসের অডালী বা আর্দালী। প্রায় সমস্ত বিষয়ে পারদর্শী। কি না উনি জানেন না?

মাঝেমধ্যে উনার বাস্তব অভিজ্ঞতা দেখে চমকে যেতাম। ভাবতাম, বাপ রে ! কি অপার সাহস। কথার কি বাঁধুনি। অফিসে কোন ব্যক্তি এলে, হাজারো প্রশ্নে তাকে জর্জরিত করে দিত!

সব কিছু জানা হয়ে গেলে এসে , আমাকে বলত, "স্যার, অনেক জন এসেছিল, প্রত্যেকে, তাদের প্রয়োজন মাফিক তথ্য দিয়ে সহায়তা করেছি।

দু- একজন এসেছিল, দরখাস্ত দিতে সেগুলো আমরা নিয়ে নিয়েছি।"

অফিসের এনক্যায়ারী কাউন্টারের কাজটা এভাবেই অনেকটা হয়ে যেত।

মাঝেমধ্যে এসে আমাকে সন্তুষ্ট করার চেস্টা করতে বলত- " স্যার, বলুন! আমি আপনার লোক। কে কি বাইরে বলছে তার তোয়াক্কা করিনা।"

যখন এসব বলতেন বুঝতাম, নিশ্চয় কিছু দরকার আছে, কিন্তু তখন কোন কথা না বলে শুধু শুনেছি, কিছু ক্ষন এরূপ বলার পর অবশ্য আসল উদ্দেশ্য বের হত।

হয়ত বলত-" স্যার! একটু আগে আজ বের হব, বা আগামীকাল একটু দেরীতে আসব বা ছুটি চাই, ইত্যাদি__"

ওর প্রত্যেকটা কথা ঠিক আগে আগেই বুঝে যেতাম।

এরূপ একজন বিচিত্র ও পারদর্শী মানুষ এসে বলছেন-" একজন এসেছেন, উনি আপনার সাথে দেখা করতে চান!"

ভাবলাম হয়তো বাড়ি ভেঙ্গে গেছে, বাড়ি চাইবেন বা ত্রিপল চাইবেন বা অন্যকিছু , কারন এখানে কয়েকদিন আগে বন্যা হয়েছে, এরূপ একজন আসাটা কোন বিচিত্র নয়!"

হাতে একটা কাজ ছিল ওটা করে বললাম উনাকে ডেকে দেন।

অর্ডালী দরজাটা খুললেন । ব্যক্তিটি অফিস চেম্বারের মধ্যে কিন্তু প্রবেশ করলেন না। অপলক দৃষ্টিতে মিনিট খানেক তাকিয়ে থেকে চলে গেলেন।

আমার এত বছরের সার্ভিস লাইফে এরকম ঘটনার সম্মুখীন হয় নি।

জানতে চাইলাম ব্যাপারটি কী?

বড়বাবু বললেন, উনি উনার নাতিকে একজন

সিভিল সার্ভিসের অফিসার বানাতে চান। নাতি খুব ছোট! চার পাঁচ বছর হবে।

উনি নাতিকে ঠাকুরমা ঝুলি 'র গল্প বলেন না। বলেন দেশের ও দশের গল্প।

বলেন সমাজ উন্নয়নে কাজে নিযুক্ত থাকা ব্যক্তিদের গল্প।

বললাম " যতদুর জানি এখন তো মানুষ তাদের সন্তানদের ডাক্তার ও ইঞ্জিনিয়ার বানাতে চান এবং তাদের সকলের মুখে বুলি থাকে তারা বড় হয়ে বিনামূল্যে গ্রামের গরিবের সেবা করবেন ও দেশের উন্নতি করবেন।"

উনি হাসলেন ও বললেন -" সেবা! ঐ দেখুন মাইকে একজনের বিজ্ঞাপন। উনি মাসে একদিন আসবেন ও দেখবেন "

বললাম- " বিনামূল্যে!"

এবার অশোকবাবু তার ভঙ্গিতে বললেন-" তাহলে মাইকে বিজ্ঞাপন কি হত?"

মানুষের এইরূপ বিনীত আচরন দেখে গর্বিত হই। দিকপাল সেই সব প্রণম্য ব্যাক্তি যারা সিভিল সার্ভিসের যেমন, সাহিত্যিক, বঙ্কিমচন্দ্র চট্টোপাধ্যায়, অন্নদাশঙ্কর রায় ইত্যাদির কথা মনে পরে যায়।

নিজেকে একজন সিভিল সার্ভিসম্যান ভেবে প্রফুল্লচিতে উপভোগ করি।

অফিসের ঐ ঘটনায় আমাকে আরো নম্র করেছে। করেছে আরো দায়িত্বশীল।

18

অষ্টাদশ পর্ব মানক

বৃষ্টা এত আস্তে চালালে হবে না। আরেকটু জোরে।

"ঠিক আছে" - ও বলল।

বলে গাড়ীর গতি বাড়িয়ে দিল। গতি ঘন্টায় চল্লিশ থেকে সত্তর।

বললাম- সাবধানে।

একটি জরুরী কাজ পড়েছে।

হঠাৎ এলাকায় বন্যার পরিস্থিতি সৃষ্টি হয়েছে কিন্তু নদীর মধ্যে এক অস্থায়ী বাঁশের সেতু ও তার দুই পাশে বিস্তর কচুরিপানা জন্মেছে। এরজন্য নদীর জলধারা দিয়ে ঠিক মতো জল বেড়িয়ে যেতে পারছে না।

নদীর মাঝ বরাবর কচুরিপানা সহ অন্যান্য জঞ্জাল জমে গেছে কারন সারাবছর নদীতে জল বাহিত হয় না।

নদী তার স্বাভাবিক স্রোত হারিয়ে ফেলেছে। তাই নদীর দুই তীরে বসবাসকারী মানুষ নদীর অস্তিত্ব ভুলে গেছেন।

"প্রকৃতি কারো কথা শোনে না, আমাদের প্রকৃতিকে মেনে চলতে হয়, একথা তারা ভুলে গেছে।"

নদী পারাপারের জন্য হচ্ছে ঐ অস্থায়ী ঐ বাঁশের সেতু।

বর্ষা মৌসুমে ঐ সেতুই সকলের দুঃখের কারন হয়। অন্য সময় দুই পাড়ের চলাচলের একমাত্র মাধ্যম এ সেতুটি। প্রতিবার চলাচলের জন্য লাগে কুড়ি টাকা।

ঐ টাকার ভাগ যাদের কাছে যায় আর যাইহোক ঐ অস্থায়ী সেতুর বন্যার সময়েও রাখার পক্ষপাতী কারনটা সকলেই জানে।

একদল মানুষের সমস্ত রকম শক্তি দিয়ে ওটা রাখার পক্ষে তাদের কাছে কেও যদি বন্যায় মারা যায় বা কারো সমস্ত ফসল নষ্ট হয় বা কারো ঘরবাড়ি ডুবে যায় বা কারো গোবাদি পশু মারা যায় তাতে তাদের কারো মনে কোনো দাগ কাটে না।

পৌঁছে দেখি দুই পক্ষের মধ্যে তুমুল ঝগড়া ও কথা কাটাকাটি। কেউ অন্তরের কথা শুনতে চায় না। দুই পক্ষই নিজেদের সিদ্ধান্তে অনড়।

এদিকে বর্ষায় নদীর জল বাড়ছে।

তুমুল উত্তেজনা।

একদল নিজেদের অস্তিত্ব সঙ্কটে।

অপর পক্ষ নিজেদের আখের গোছাতে ব্যস্ত।

এরূপ একটি অবস্থায় নির্বোধ ব্যক্তিরাও জানে কি করা উচিত।

সমস্যা শুরু হয় তখনই যখন সিদ্ধান্ত নেওয়ার জন্য নির্দিষ্ট ব্যক্তির ব্যক্তিগত স্বার্থ জড়িত থাকে।

ঘটনার সূত্রপাত ঠিক এখানেই।

তখন বিচার বিশ্লেষণ হয় না। শুরু হয় প্রহসন , হয় সময় নেওয়ার এক অদ্ভুত প্রতিযোগিতার।

ঐ সময় প্রত্যেক ব্যক্তি আর যাইহোক মানবিক থাকে না

ধর্ম সংকট।

সেতু নির্মাণ কারী পক্ষ এখানে শক্তিশালী ও বন্যা কবলিত এলাকা মানুষের দল এখানে দুর্বল।

বিচার বিশ্লেষণ করে ঠিক সেটি করতে গেলে ব্যক্তিগত বিপদ পর্যন্ত আসতে পারে।

এখানে বিচক্ষণতার পরিচয় দিয়ে বন্যা কবলিত মানুষের পাশে দাঁড়াতে হবে।

তাই অগত্যা নৌকার উপরে উঠে স্বয়ংক্রীয় করাত যন্ত্র দিয়ে কাটার প্রচেষ্টা ও অনেকাংশে সফলতার মুখ।

জানতাম জলের গতির ক্ষমতায় ঐ দুর্বল সেতু একটু কেটে দিলে টিকবে কি ?

এটুকু বিজ্ঞতা অভিজ্ঞতা থেকেই বোঝা যায়।

যখন কাটতে যাচ্ছি তখন সেতু নির্মাণ কারী পক্ষ থেকে অন্যান্য চেষ্টা ও করে যাচ্ছিল।

জানতাম মানুষ যখন সঠিক কাজ করতে উদ্যত হয় তখন ঈশ্বর ও সাথে থাকেন।

চেষ্টা হতে হবে সৎ, তাই কোনো কাজ ই অসম্ভব বলেই মনে হয় না। কাজের শুরু থেকে শেষ পর্যন্ত লেগে থাকতে হবে। প্রকৃতি সব সময় সৎ প্রচেষ্টাকারীর সাথেই থাকবেন কক্ষনো ছেড়ে যান না।

বন্যার্তদের মুহুর্মুহু ফোন। উনাদের আশ্বাস।

জানতাম ঘন্টা দুই লাগবে।

তখন ঘড়িতে রাত একটা।

স্যার , হয়ে গেছে। যেখানে আমরা করাত লাগিয়ে ছিলাম সেখানেই।

ভাবলাম ও আরো একবার প্রমানিত হল, সাহস ও সত্যের মধ্যেই থাকেন ঈশ্বর।

এ যাত্রা একটি বিশাল এলাকা বন্যা কবল থেকে মুক্ত হল।

19

উনিশতম পর্ব জীবন উষ্মা

তখন বন্ধুবান্ধবদের সাথে বসে আছি। কলকাতায়। সকলেই নিজের নিজের জীবনের ভবিষ্যৎ পরিকল্পনা করছি। পড়াশোনা প্রায় শেষ।

ভাবতেও কষ্ট লাগে, যে পড়াশোনার কাজে মন দিয়েছিলাম নতুন কিছু উদ্ভাবন করার জন্য, তার ও ইতি টানতে হবে রোজগার করার জন্য। একশ শতাংশ।

কখনো ভাবি নি অন্য কিছু। ছোট্ট বেলায় যখন স্কুলের শিক্ষকদের দেখেছি তখন অনেক সময় তাদের দ্বারা অনুপ্রাণিত ও হয়েছি।

অনেক সময় তাঁদের কথা অনুপ্রাণিত করত।

তাদেরকে অনুসরন করতে ইচ্ছা হত।

বইয়ের চরিত্ররা জীবিত অবস্থায় মনে বিচরন করত।

ভাবতে ভাবতে চলে যাই কোন সে অচীন পুরে। এই পৃথিবীতে তো লাখো লাখো মানুষের বাস এবং

সকলেই কিছু না কিছু করে চলেছে নিত্যই। এদের মধ্যে নায়ক কিন্তু হাতে গোনা।

ভাবতাম কেন এমন হয়?

ভাবতে ভাবতে খরগোশ ও কচ্ছপের কথা মনে পরে। উত্তর তো সবার জানা।

সব সময়ই চলছে ভয়ঙ্কর এক প্রতিযোগিতা। কেউ কাউকেই একচুল জায়গা ছাড়তে রাজি নন।

আজ যে যেখানে আছেন মিলিয়ে নিন, কঠোরভাবে অধ্যবসায়ী ব্যক্তির সাফল্য ও সমৃদ্ধি অবশ্যম্ভাবী। একজন হয়তো আজ আমাকে পছন্দ করছেন না। কাল দশজন করবে। দশবছর পর দশ হাজার।

চেষ্টা চালিয়ে যান।

সাফল্য শুধু সময়ের অপেক্ষা। আজ যে আপনাকে পাত্তা দিচ্ছে না সেদিকে খেয়াল না দিয়ে নিজের কর্মকে পাত্তা দিন।

মানুষের পরিচিতি কর্মে, মোসাহেবীতে নয়।

কলেজে গিয়ে দেখা যায় অনেক সময় ছাত্রদের বিপথে পরিচালিত করার চেষ্টা চলে। অনেককে দেখেছি স্রোতে গা ভাসিয়ে দিতে। আজ তাদেরকে খুঁজে পাওয়া যায় না। ভবিতব্য তো এটাই ছিল তাই না?

সময় কথা বলে।

হতাশ ও ধান্দাবাজ ব্যক্তিদের জন্য জীবনের একমুহূর্ত অপচয় করলে তার ফল আমাদেরই দিতে হয়।

সবাই ক্ষণজন্মা নেতাজি বা বিবেকানন্দ হতে পারে না সঠিক, কিন্তু নিশ্চয়ই নিজেকে অনেকখানি এগিয়ে নিয়ে যেতে পারে।

তাই ঐ পৃথিবীতে হতাশা প্রকাশ করা হয় ঠিকই কিন্তু তার বাস্তবতা আছে কী?

আমার নিজের কলেজের প্রথম বর্ষের সময় সকলেই সন্ধ্যে হলে ঘরে ঘরে আড্ডা দিত। রাত্রে খাওয়াদাওয়া শেষ করে আবার আড্ডা। বলত পড়াশোনা ও এমনি হবে। পরীক্ষার দুমাস আগেই শুরু হত পড়াশোনা। এটাই ছিল চলন।

আমার রুমেও শুরু হয় আড্ডা। আমার কিন্তু একদম পছন্দ নয়। ভাবতে থাকি কি করে ওদেরকে ভাগানো যায়!

কয়েক বার বললাম ও। কোন কাজ হল না।

অনেক ভাবলাম।

অগত্যা একদিন ইচ্ছা করে একজন কে সপাটে চড়। প্রত্যুত্তরে আমিও খেলাম বেশ কয়েকটি সপাটে। লোমহর্ষক সে ব্যাপার। ভাবলেও এখন গা কাঁটা দেয়।

ফল মিলছে হাতে হাতে।

তারপর থেকে আর বিরক্ত করতে আসে নি তারা।

আমার ঐ কর্মে আমি কোন অনুতপ্ত নই।

কারন বাবার কাছে শিখেছি-" When there is a will there is a way ! এবং ছাত্রানাং অধ্যয়নং তপঃ।"

জীবনে এসব বাধা আসে জীবনকে পিছিয়ে নিয়ে যেতে নয় , জীবনকে উপভোগ করতে।

সব ক্ষেত্রেই সৎ সাহস প্রয়োজন।

আপনার সফলতা আপনি ছাড়া আর কেউ আটকাতে পারবে না

20

বিংশতম পর্ব ফার্স্টবয়

মানস তখন ষষ্ঠ শ্রেণীতে পড়ছে। একে একে ষান্মাসিক পরীক্ষার ফলাফল প্রকাশ হচ্ছে। এবছরই একজন ছাত্র মানসের শ্রেণীতেই ভর্তি হয়েছে। নাম তুফান। পড়াশোনাতে খুবই ভালো বললে কম বলা হয়! ওর বাবার বদলির চাকরি। উচ্চ পদস্থ সরকারি কর্মকর্তা। তাই এই বিদ্যালয়ে।

সকলেই তুফানের গুনগান করছে। এমনকি বিদ্যালয়ের শিক্ষক ও শিক্ষিকাগন ও। বলছেন এবার ষষ্ঠ শ্রেণীতে দারুন ভালো ফলাফল হবে।

অধিকাংশ গ্রামের উচ্চ বিদ্যালয়ে যা হয়, আরকি। ছাত্রদের বাবা-মা কৃষক - কৃষাণী। কয়েকজনের বাবা-মা ছোট খাটো সরকারি চাকুরে।

মানসের বাবা-মা ও তাই। দিন আনে দিন খায়। সকলেই ভাবে এবছর আর কি ও পারবে?

মানস সব সময় একটা আলাদা গুরুত্ব পেয়ে এসেছে।

ঐ ঘটনার পর ওর একটু অস্বস্তি লাগে। কখনো কখনো মনে হয় ও থাকলেও এবারো আমিই-

যাইহোক ফলাফলের পালা। বিজ্ঞানে ও সাতাত্তর তো মানস আটাত্তর। বাংলায় মানস আশি তো তুফান বিরাশি। এমনি চলেছে। কেউ জানে না কে প্রথম হবে।

সেদিন অঙ্কের ফলাফল বেরোবে। টানটান উত্তেজনা। মানস ভেবেছে সে ভালোই পরীক্ষা দিয়েছে। সকলেরই প্রাপ্ত নম্বর শিক্ষক মহাশয় বলে চলেছেন।

মৃদু মৃদু স্বরে। মানস সাতাত্তর। এরপর তুফানের পালা। শিক্ষক মহাশয় বলেছেন নিরানব্বই। প্রায় দশগুণ চিৎকারে। আনন্দে ও উৎসাহে। শ্রেনীর সকলেই ধন্য ধন্য করছে তুফানকে। বলছে এবার তুফানই ফার্স্টবয়। অঙ্কের স্যার ও দেখলাম খুবই খুশি। তিনি হয়তো ভাবছেন একে কেও এবার টেক্কা দিতে পারবে না।

স্বাভাবিক, কারন স্যার , তাঁর হাতে কেউ এত নম্বর পেয়েছে তা মনে করতে পারছেন না। ঐদিন থেকে তিনি প্রায়ই অঙ্ক করানোর সময় ওকে ধন্য ধন্য করতেন। শ্রেনীর ছাত্র ছাত্রীরা উনার সাথে সাথ দিতো।

মানস হল ঐ সময় শ্রেণীতে দ্বিতীয়।

সে হারতে শেখেনি। সে জানতো সে পারবে।প্রেস্টিজ ইস্যু কিন্তু কাউকে বলা যাবে না। প্রমান করে দেখাতে হবে।

বাবার মুখটা মনে পড়ে মানসের। বাবা উৎসাহ দিতে পারেন কিন্তু পড়াশোনাতে সাহায্য করতে পারে না। বাবা তো কৃষক, তিনি কেবল চাষবাস ও গরু মহিষ পালন করতে ব্যস্ত। এতেই উনার দিন চলে যায়।

ওদিকে তুফানের বাবা তার একমাত্র পুত্র সন্তানের পড়াশোনার সম্পূর্ণ খেয়াল রাখেন।

কি অসম প্রতিযোগিতা! তাই না।

"ও কিন্তু হেরে যাওয়ার পাত্র নন।"- জানত মানস।

স্যারের নিরানব্বই বলার সময় যে তারস্বরে চেঁচিয়ে উঠা তার বুকের মধ্যে সবসময় বাজে । তখন সে ভাবে ও ধনুক ভাঙ্গা পণ নেয় ও যদি তবে আমি নই কেন?

প্রথমেই মনে মনে বিশ্লেষণ করে কেন এই বিস্তার ফারাক। সহজেই ও আবিষ্কার করে ফেলে।

বোঝে, পাঠ্য বইগুলো ভালো করে বুঝে পড়তে হবে। শিক্ষকদের দেওয়া মান্ধাতার আমলের নোটে সম্পূর্ণ ভরসা নয়। জ্ঞানের পরিধি আরও প্রশস্ত করতে হবে। আরো খাটতে হবে। পড়াশোনার স্ট্রাটেজি পরিবর্তন করতে হবে। প্রয়োজনে একই বিষয়ে কয়েকটি বিভিন্ন লেখকের বই পড়তে হবে। অল্পে থামলে হবে না।

যেই ভাবা সেই কাজ।

সকলে আজ তারা সপ্তম শ্রেনীর ঘরে বসে আছে। সেই অঙ্কের শিক্ষক মহাশয়ই একে একে রোল কল করছেন।

এক, মানস দত্ত, দুই , তুফান রায়, তিন রাতুল দে ইত্যাদি।

পরম তৃপ্তি মানসের হৃদয়ে, কারন ও জানত " যো জীতা ওহি সিকান্দার!"

21

একুশতম পর্ব
উদীয়মান সূর্য

কুরোসোয়া'র সাথে অনুপের বন্ধুত্বটা প্রায় পঁচিশ বছরের। ও জাপানের অধিবাসী। এদেশে অধ্যয়ন করতে এসেছিলেন সেই নব্বই এর দশকে। এখন স্থায়ীভাবে ভারতের বাসিন্দা।

অনুপ একজন সফল ব্যবসায়ী। মৃদুভাষী ও লাজুক। জ্ঞানীদের সমাদর করেন। এক কথার মানুষ।

অথচ এই অনুপ ই আজ থেকে প্রায় চল্লিশ বছর আগে গ্রাম থেকে শহরে এসেছিল রোজগারের জন্য। উচ্চ মাধ্যমিক পাশ কিন্তু অঙ্ক ভালো ও অনর্গল ইংরাজিতে কথা বলতে পারে।

হাজার জায়গায় হোঁচট খেতে খেতে একদিন পরিচয় হয় কুরোসোয়া'র সঙ্গে।

দুজনে দুজনকে খুব ভালো ভাবে চিনে নেন। ঐ সম্পর্ক দিন দিন আরো ভালো হতে থাকে।

রবীন্দ্রনাথ ঠাকুরের ভাবধারায় প্রভাবিত হয়ে তাঁর এদেশে আসা। ও তার ভাবধারায় শিক্ষা।

"তার দেশের এত উন্নতি হয়েছে কেন?"- মনে জিজ্ঞাসা অনুপের ও সে জানতে চায় কুরোশোয়া'র ভবিষ্যৎ পরিকল্পনার কথা।

অসম বন্ধুত্বটা যেন এক অন্যদিকে মোড় নিতে থাকে। স্থায়িত্বের দিকে।

যেমন ও বিনয়ী তেমনি ওর কঠোর নিয়মানুবর্তিতা, ডিসিপ্লিনে মোড়া এক সাধারণ জীবনযাপন। শিক্ষা ও অর্থের কোনো বড়াই নেই। অপরকে সব সময় যথাসম্ভব সাহায্য করেন। তার জলজ্যান্ত উদাহরণ অনুপ নিজে। তাই সে মুগ্ধ।

সে ভাবে ও বুঝতে পারল কেন তাদের দেশ এত উন্নত, কেন তাদের দেশের মানুষের গড় আয়ু এত বেশী এবং কেন তাদের দেশে চুরি - ছিন্তাই নেই। যত ভাবে তত দুঃখ পায়।

এদিকে অনুপের সততা ও অন্যান্য ভালো গুণে ও মুগ্ধ।

এমনি চলছে। একদিন হঠাৎ কুরোসোয়া কথায় কথায় অনুপকে বলে-"তোমার শিক্ষাগত যোগ্যতা বাড়াও ও পাসপোর্ট করিয়ে রাখো।"

গ্রাম থেকে আসা সৎ ও পরিশ্রমী ব্যক্তিটির প্রতি তার নজর ছিল। সে খুব ভালো করেই জানত এখানে প্রতিভার কোন কমতি নেই। এদেশের মানুষকে সুযোগ করে দিলে আকাশ পর্যন্ত ছুঁতে পারবে। স্বপ্ন দেখতে জানে। ও তার বাস্তবায়নে জীবনের বাজী পর্যন্ত রাখে। অনেক সময় সমস্যা আসে। এটা তো স্বাভাবিক।

কুরোসোয়া'র বেশ কিছুদিন কিছুটা পরিবর্তন হয়েছে। এটা অনুপ বুঝতে পারে। কিছু যেন ও একটা বলতে চায় কিন্তু পারে না।

একদিন গল্পচ্ছলে জানতে অনুপ জানতে চায়- "ব্যাপারটি কি?"

এমন সময় হঠাৎ সে বলে বসে- " জাপানে তাকে তার কোম্পানির এক উচ্চ পদে নিয়োগের জন্য ভাবছেন।"

কুরোসোয়া পরিবারের একমাত্র সন্তান কারন ওদেশের জন্মহার খুবই কম। মানুষ সব সময় নতুন নতুন উদ্ভাবনের কাজে নিয়োজিত রয়েছে। সংসারের প্রতি দায়বদ্ধতা আমাদের দেশের মতো নয়। ওরা কথায় কথায় ঝামেলা করে না। বিশ্বের শান্ত দেশগুলোর মধ্যে একটি। একশ শতাংশ মানুষ শিক্ষিত। ওদেশে শিক্ষার কদর আছে। ওরা সকলেই মানবতার মূল্য দিতে জানে।

সদ্য ওর পিতা গত হয়েছেন। তাই ঐ কোম্পানির পুরোপুরি দ্বায়িত্ব পালন তাকে করতে হবে।

" আমি রাজি! কি করতে হবে আমাকে?" - বলল অনুপ।

"বলল কিছু না।"

"তাহলে কেন?"

কুরোসোয়া বলল-" এদেশে সকল মানুষের মধ্যে এক অদ্ভুত ক্ষমতা আছে। দেখ! এদেশে থেকে বহু মানুষ বিদেশ গিয়ে নিজের জীবনের প্রতিষ্ঠা করেছেন। নাম গুলো তো সবাই জানি।"

জাপানে দশ বছর হয়ে গেছে অনুপের। আগামীকাল কর্পোরেট মিটিং। কুরোসোয়া অবসর নেবেন।

আগে থেকেই অনুপ জেনে গেছে, সে পরবর্তী সিও।

অনুপ ভাবে -" আমার দেশে আমার থেকে বুদ্ধিমান কত মানুষ আছেন!মনে হয় ভাগ্য কর্মফলের উপরে অনেকটা নির্ভর করে।"

22

বাইশতম পর্ব রাই কা পাহাড়

রাস্তার দুই পাশে লোক সারিবদ্ধভাবে দাঁড়িয়ে আছে। সব মহিলার চোখে অশ্রু। অনেকে আড়ষ্ঠ গলায় বলছে-" এটা কি ওর চলে যাওয়ার বয়স। মা - বাবার একমাত্র ছেলে। কত শান্ত শিষ্ট, মার্জিত ব্যবহার , পড়াশোনাতে কত না ব্রাইট!"

অনেকে বলছে না কিছু কিন্তু শারীরিক ভাষায় প্রকাশ পাচ্ছে অনেক কিছু। কারো কারো চোখ থেকে অস্ফুটে অশ্রুর ধারা ঝড়ে পড়ে।

দীনেনের সকলেই গুণগান করছেন কারন ও ছিল সকলের প্রিয়। রাজপুত্রের মতো চেহারা কিন্তু কোমল হৃদয়।

ও ছিল আমার থেকে চার - পাঁচ বছরের ছোট। ওর মায়ের সাথে যখন দেখা হত তখন সব সময় আমার সাথে কথা বলতো। সব সময় আলোচনা হতো পড়াশোনার বিষয়ে। সেই অর্থে দীনেন ছিল অনেকটা স্নেহের পাত্র। আমাকে দাদা - দাদা বলে ডাকতো। খুবই ভদ্র। বুঝতাম যে ও বেশ বড় মাপের মানুষ হবে।

এর কিছুদিন পর আমরা অন্য শহরে চলে যাই। বেশ কিছুদিন ধরে খোঁজ খবর রাখতেই পারিনি। নিজের কাজে ব্যস্ত ছিলাম।

জানেন তো মেয়েদের কথা! তাদের কথা ও বন্ধুত্ব শুরু হলে একে অপরের হাঁড়ির খবর জেনে ফেলে। অনেক সময় শুরু হয় রেষারেষি। মুখে প্রকাশ করে না, কিন্তু সবটাই চলে মনে মনে!

রবিন এক প্রতিবেশীর ছেলে। দীনেনের সমবয়সী ও একই শ্রেণীতে পড়ছে। কোন ক্ষেত্রেই সে দীননের সমকক্ষ নয়। ওর বাবা - মার স্বভাব সব কিছুই রং চড়িয়ে বলার। তাঁরা কোনো কিছুতেই কথায় হারতে রাজি নয়। এমনি করেই চলছে দিন, চলছে রাত।

কখনো হয়তো বলছে -" রবিন এবার খুব ভালো রেজাল্ট করেছে। রেকর্ড মার্কস পেয়েছে ।"

আদতে তার সত্য নয়।

সেই কথা শুনেই শুরু হয় দীনেনের উপর অত্যাচার।

ওর মা বলতে থাকে- " তোর সারাদিন টো টো করে ঘুরে বেড়ানোটা মোটেই ভালো চোখে দেখছি না। এ বাড়িতে খেতে হলে সব সময় পড়তে হবে।"

কখনো হয়তো রবিনের বাবা বলছেন- " আমার ছেলের স্কুলের খেলাধুলায় অংশগ্রহণ করে একশ মিটার দৌড়ে প্রথম হয়েছে!"

হয়তো বাস্তবে তার মোটেই নয়।

ঐ কথা শুনে আবার শুরু হয় অত্যাচার দীনেশের উপর। এবার মা - বাবা দু'জনেই একসাথে। অকথ্য ভাবে।

রবিন ও তার বাবা-মা ঐসব দেখে মজা পায়।

অনেক বোঝানোর চেষ্টা করে দীনেন।

তাদের অনেক বোঝানোর চেষ্টা করে।

ছোট একটা বিষয়কে টেনে টেনে 'রাই কা পাহাড়' করার অভ্যাস যে কত খারাপ তাই দীনেন বুঝতে পারে।

সকলের বোঝা উচিৎ কোনটা করা সঠিক কোনটা করা ভুল। শুধু একটুখানি ঠান্ডা মাথা করলে সবটা বোঝা যায়।

অগত্যা যে বাবা - মাকে দীনেন এতো ভালোবাসে তাদের ফটোতে ফুল দিয়ে প্রনাম করে ও বসে থাকে মিনিট দশেক। মনে মনে বলে - " ক্ষমা করো আমায়! তোমাদের এরূপ আশা কোনদিনই আমি পুরন করতে পারবো না। তাই আমায় চির মুক্তি দাও।"

বলে সে নেয় এক চরম সিদ্ধান্ত।

ও ছিল বাবার একমাত্র সন্তান । বেঁচে থাকলে বয়স হত প্রায় পঁয়ত্রিশ বছর। বাবা - মা'র বোকামি ও প্রতিবেশীদের শঠতা একটি শিশুকেও ছাড়লো না।

ওর মা আমায় দেখলে এখনও কেঁদে ফেলে বলে যাই না ওদের সামনে।

ওর বাবা প্রায় পাগল হয়ে গেছে। এমন এক শঠতা যা কিনা এক শিশুর মৃত্যু।

তাই মা - বাবাদের তাদের ছেলে মেয়েদের সাথে আচরনের সময় এসবের খেয়াল রাখতে হবে, অন্যথা --

হায় রে কপাল! মানুষ আজ কোথায় নেমেছে ভাবলে নিজের প্রতি ধিক্কার লাগে।

(রাই কা পাহাড় - শব্দটি হিন্দি , তার অর্থ হল অপ্রাসঙ্গিক বা গুরুত্বহীন জিনিসকে অতিরিক্ত গুরুত্বপূর্ণ হিসেবে বিবেচনা করা।)

23

তেইশতম পর্ব
মহাকালের পথে

দু'তলার উপরে বসে আছি। দৃষ্টি আছে ঐ ঘাটের পথের দিকে। ভাবতে ভাবতে তিয়াস কল্পনার জগতে প্রবেশ করে।" ঐ পথ দিয়েই আমরা কতো যেতাম। ছোট বেলায় ঐ পুকুরে কত না স্নান করেছি। উঃ ছোট বেলায় সেই সাঁতার শেখার মজা। ভাবলেও শিহরিত হতে হয়। ঘন্টার পর ঘন্টা জলে। ছোটবেলার সেই মজার অবসান ঘটত বাবার লাঠিতে। দুই তিন ঘন্টার পর বাবা আসতেন লাঠি হাতে। ভয়ে দৌড়ে পালাতাম ঐ ঘাটের পথ বেয়েই হাসতে হাসতে।"

বড়ো হয়ে একদিন শহরে উচ্চশিক্ষার জন্যে সে ভর্তি হল।

ছুটির সময় সে ফিরে এলো এবং ঐ ঘাটের পথের দিকে কিছুক্ষন তাকিয়ে রইল। পরে স্নানের জন্য সাবান ও তেল হাতে চলল। স্নান করতে করতে শুনল পাশের বাড়ির এক মহিলা গালি দিচ্ছেন। ব্যাপারটি তার বোধগম্য হল না।

এসে মায়ের কাছে জানতে চাইলো!

বলল - " কি ব্যাপার মা? সায়নের মা ওরকম বকাবকি করছে কেন?"

মা বলল - " হায় রে! তোকে তো বলাই হয় নি। ঐ ঘাটের পথ নিয়ে পাড়ায় খুব অশান্তি । অবশেষে হাতাহাতি ও মারামারি পর্যন্ত হয়ে গেছে। সায়নরা পথটি নিজের বলে দাবি করেছেন। দেখছিস না ওই বাঁশের বেড়া। আর যাস নে বাবা ঐ দিকে।"

তিয়াস ঐ শুনে ভীষনই ব্যথিত হল। কিছু বলল না। শুধু মা'কে বলল- " ঠিক আছে! চলো খেতে দাও।"

সেদিন থেকে আর কোনদিন সে ওদিকে যায় নি। বছরের পর বছর চলে গেছে। সায়নের মা গত হয়েছেন। এখন এমনিতেই ওদিকে কেউ যায় না। নোংড়া, ঝোঁপ জঙ্গল।

আগে মানুষ ঐ জলে স্নান করত, বাসন মাজতো ও ঐ জল গৃহস্থালির কাজে ব্যবহার করা হতো।

ঐ ঘটনার পর মানুষ ঐ জল আর ব্যবহার করে না।

ঐ দিকে তিয়াস তাকিয়ে থাকে আর ভাবে কিসের এতো অহংকার?!

কিসের এতো আমার আমার করা?!

কিসের এতো অশান্তি?!

কালের প্রবাহে সব কিছুই একদিন শেষ হয়ে যায়। শুধু পড়ে থাকে মানুষের ব্যবহার ও মানুষের জন্য করা কাজ।

সব সময় যদি কেউ আমি আমি করে ও খায় - দায় ও অবশেষে মারা যায় তাহলে কি তার জীবনের দাম।

একটি পশুও তো এসব করে।

মানুষের ব্যক্তিত্ব ও বুঝতে পারা মানুষকে আলাদা করেছে।

তিয়াস এসব আকাশ পাতাল ভাবে আর ঐ পথের দিকে তাকিয়ে থাকে। বিকেল হয় , সন্ধ্যা নামে।

মা নিচ থেকে ডাকে- " তিয়াস, চা হয়ে গেছে। খাবি আয়।"

24

চব্বিশতম পর্ব জাতক

"এই বলে রাখলাম। আমি এক বাপের বেটি। জীবন থাকতে আর তোর মুখ দর্শন করবো না। দেখি তোর সাহায্য ছাড়াই আমার পরিবার চলে কিনা ? এতদিন তোর এত সব কাজ করে দিলাম নিজের স্বামীর কথা উপেক্ষা করে, তার উচিৎ মর্যাদা পরিনাম আমায় দিলি!"- এই কথা বলতে বলতে টুকির চোখ দিয়ে অঝোরে জল পড়তে থাকে। গলা কাঁপতে থাকে। শরীরের ডান পাশটা কেমন যেন অবশ হতে থাকে।

টুকি ও সবিতার মনোমালিন্য প্রায় হতো আবার মিল ও হয়ে যেত। এলাকার লোকেরা তাদের অভিন্ন হৃদয় সই বলে মনে করত। শৈশবকালে সবিতার মায়ের চলে যাওয়ার পর ঐ বন্ধনটা যেন আরো সুদৃঢ় হয়ে উঠেছিল।

সবিতারা অপেক্ষাকৃত ধনী। তবে সবিতার বাবা বা তার পরিবারের কেউই তাকে কোনদিনই টুকিকে তা বুঝতে দেয়নি। টুকি ও বাড়ির সকলকে আপনজন ভাবতো। দুজনের ছিল অবাধ মেলামেশা। দুজনে অনেক সময় খাওয়া দাওয়াও একসাথে করত। এমনি করেই দুজনের বড়ো হওয়া। শৈশব থেকেই যৌবনে প্রবেশ। সকল সুখদুঃখের সাথী। বাইশটা বছর কেমন যেন নিমেষে অতিবাহিত হয়ে গেছে। কত না সুখ দুঃখের সাথী। সকল কিছু দুজনে মিলে ভাগ করে নিতে শিখে গেছে। দু'জনেই ছিল দুজনের অপরিহার্য অঙ্গ।

প্রথম ছন্দটা কাটলো যখন টুকিকে এক পরিবার পছন্দ করে বিয়ের প্রস্তাব দিতেই। ছেলেটি উচ্চশিক্ষায় শিক্ষিত, মার্জিত ও উপার্জনক্ষম। ছেলেটিকে আবার সবিতাদের পছন্দ ছিল।

শেষমেষ অল্পবিস্তর ঝামেলার পর ওর সাথেই টুকির শুভ বিবাহ সম্পন্ন হয়।

ওর বিয়ে হতেই সবিতার কেমন যেন নিজেকে একা মনে হয়। পৃথিবীর সবচেয়ে সুন্দর দুটি ফুল কেমন যেন আলাদা হয়ে গেছে। মাঝরাতে মাঝে সবিতা স্বপ্ন দেখে টুকির, অবচেতন মন যেন তাদের ঐ বিচ্ছেদ মেনে নিতেই পারে না। হঠাৎ ঘুম ভেঙ্গে যায় কষ্টে। তাদের নিজেদের মধ্যে ভালবাসা ছিল নির্ভেজাল ও নিখাঁদ। মনে মনে ও ভাবে ভালো পরিবার পেয়ে টুকি কি করে তাকে ভুলে গেল? এসব ভাবতে ভাবতে তাঁর চোখে জল চলে আসে। মনে মনে চরম কষ্ট পেতে থাকে তার সখির জন্য।বছর দুই এভাবেই চলে। সব কিছু সবিতার কাছে ধীরে ধীরে স্বাভাবিক হতে থাকে। কারন মানুষ অভ্যাসের দাস।

এমনি করে একদিন সবিতার ও সম্বন্ধ আসে। নিজের পাড়াতেই।

এদিকে টুকির বাবা মারা যায় হঠাৎ করেই।

এমনি করে আবার দুই বান্ধবীর দেখা।

যেহেতু ওদের নিজের মধ্যে কোনরূপ সমস্যা ছিল না ফলে আবার ও ঐ বন্ধন দৃঢ় হতে থাকে।

আসল সমস্যাটি শুরু হয় সবিতার শাশুড়ির। তিনি ঐ মেলামেশা একদম পছন্দ করতেন না। তিনি ভাবতেন বিয়ের আগে যা ছিল, ছিল। আবার কি?

কয়েকবার মুখে বললেন ও। কিছুতেই টুকি মানতেই চায় না।

অগত্যা তাই আজ সে সবিতাকে বলে- " বৌমা। টুকিকে একটু বলবে, আমি আমার বাঁ কানেরটা পাচ্ছি না! ঐ ঘরে রেখেছিলাম। পাচ্ছি না। তুমি যখন বাথরুমে গেলে তখন টুকি ঐ ঘরে একা ছিল। আমার বাবার দেওয়া। না পেলে আমি কিন্তু ওকে ছাড়বো না। '" এই কথা বলে উনি অঝোরে মায়া কান্নায় রত হলেন। শাশুড়ির এই দক্ষ অভিনয় কিন্তু সবিতার গোচর হল না।

অগত্যা ঐ চরম সিদ্ধান্ত।

একজনের জন্য ঐ মধুর সম্পর্ক হল শেষ।

"কি রে কেমন আছিস"- এই বিন্দুমাত্র সৌজন্য ও নেই এখন তাদের মধ্যে।

কোথায় যেন সময় ও পরিস্থিতি তাদের এরূপ বদলে দিয়েছে। কোন এক না বদলের মাধ্যমে ছিটেফোঁটা মায়াবী দেশের মানুষে।

ছন্দে ছন্দে চলা জীবন ছিল তাদের । কাব্যের কবিতার ছন্দের মতো। কেমন যেন এক তাল কেটে যাওয়া।

মনে মনে কষ্ট পেতে থাকে দুজনেই।

দু'জনেই চলে নতুন ভালোবাসার সন্ধানে। সংসারি হতে। মনে আসে নতুন প্রজন্মের উন্মেষ।

মনে মনে উভয়েই অতীতের কথা ভুলে যেতে চায়। সেই নির্মল মেয়েবেলার কথাগুলো।

এখন শুধুই সর্বাত্মক স্বার্থপরতা।

25

পঁচিশতম পর্ব একটু উষ্ণতার খোঁজে

ভালো নাম জগদীশ। প্রথমে ওর বাবা ওকে ' জগা ' বলে ডাকতে শুরু করে। সেই থেকেই ও জগা নামেই পরিচিতি লাভ করে। আমাদের পাড়ায় বাড়ি। ছোট্ট দুটি ঘর। ঘরে খড়ের চালা। বাড়িতে কোনো ঘরেই জানালা নেই। টিন দিয়ে দরজা বানানো। তাতে কুকুর বিড়াল আগলে রাখে চোর নয়। ঐ বাড়িতে ছোট-বড় মিলিয়ে সাতজন প্রানী। ওর বাবা- মা, এক ভাই, স্ত্রী ও এক ছেলে ও এক মেয়ে। মেয়ের বয়স এগারো , ছেলে তিন। মেয়েটি খুব দুষ্টু, ছেলে ঠিক ততটাই শান্ত।

এই জায়গায় কি করে ওরা থাকে আমার তো কোন ভাবেই মাথাই আসে না। আপনার কি আসে?

জগা মুনিস খাটে। গতরটাই তার মূলধন। জগা খুবই শান্ত প্রকৃতির মানুষ। তাই পাড়ার প্রায় সবাই তাঁদের বাড়ির কাজের জন্য ওকে ডাকে ও উপযুক্ত পারিশ্রমিকও দেয়।

যেহেতু ও দিন আনে দিন খায় তাই কেমন যেন অল্প বয়সে বুড়ো হয়ে গেছে। মুখে সব সময় কাঁচা- পাকা দাঁড়ি। চুল তেল না দেওয়া উস্কোখুস্কো। তিন দিন আগে থেকেই ওকে বলা ছিল বাড়িতে কাজের জন্য। কোন দিন ও কাজে আসতে দেরি করে না কিন্তু আজ পায় আধ ঘন্টা পরে এসেছে। কেমন যেন শান্ত। মাঝেমধ্যে চোখের জল মোছে একটু বেশি চুপচাপ। একটু কেমন যেন চিন্তার ছাপ!

"বাড়ির দক্ষিণ দিকের দেওয়ালটা আজকে শেষ করতেই হবে।"- এরূপ বলছে অমিত।

জগা অমিতের থেকে প্রায় নয় বছরের ছোট। দেখলে মনে হয় ঠিক উল্টা। কথায় বলে " টাকার উপর অনেক কিছু নির্ভর করে। সম্মান, প্রভাব প্রতিপত্তি, অনেক সময় পরমায়ু। অর্থের ক্ষমতা অপার।"

আমি ভাবতাম ঠিক উল্টা।

জগা কিন্তু অন্যদিন বেশ খুশি খুশি থাকে। মাঝেমধ্যে দু একটা মজার কথা বলে আসর জমিয়ে রাখে।

সারাদিন সে নিজের কাজে একটু কম মনোযোগী ছিল। ব্যপারটা কেমন যেন ঠেকল। তাই বিকেলে মজুরি দেওয়ার আগে জানতে চাইলাম ব্যপারটা কি?

বলল দাদা ও কিছু নয়। একটু জোরাজুরি করাতে ওর চোখে জল চলে এলো।

বললাম- " কি হয়েছে?"

ভাবলেশহীন ভাবে বলল-" আমার ছোট ছেলেটি আর নেই! দিন সাত আগে থেকেই ওর প্রচন্ড জ্বর। বাড়িতে খাওয়ার পয়সা নেই । ডাক্তার দেখাতে পারিনি। তারপর শীতকালে কোন পড়ার মতো গরম জামা কাপড় নেই। গত থরায় জমিতেই সমস্ত ধান পরে পরে নষ্ট হল। মানসিক ভাবে সম্পূর্ণ ভেঙেই পরেছি। আর কি করবো বুঝতে পারছি না।"

"বলিস কি? আরে বলবি তো আমাদের?"- বলে আঁৎকে উঠল অমিত।

" দাদা! তুমি অনেক করেছ? আর না!" - উত্তর এল।

মনে মনে নিজেকে দোষী মনে হল। ভাবলাম কেনো আমরা নিজেদের ও নিজের বাড়ির ছেলে মেয়েদের কিছু গরম জামা কাপড় ওদের মতো মানুষদের দিই না। অনেকই তো নষ্ট হয়। সেগুলো ওদের কাজে লাগে। এই পৃথিবীতে সবার বাঁচার অধিকার আছে। জগাদের মতো ব্যক্তিরা শেষ হয়ে যাবে ঠিকই তবু কাউকে হাত পেতে কিছু চাইবে না। অসৎ পথেও যাবে না। প্রয়োজনে নিজে নিজেকে শেষ করবে।

এরা নিজেদের আত্মসম্মানের কাছে কখনো আত্মসমর্পণ করবে না।

মনে মনে ভাবি- " এদের অসময়ে আমাদেরকে দরকার। আর আমাদের অসময়ে ওদেরকে। একটু ওদের মতো মানুষদের কথা ভাবি। পাশে দাঁড়াই। সেটি মোটেই থারাপ হবে না।"

অবশ্যই কিছু মানুষের এই নিদারুন শীতে বেশ কিছু শিশুর ও বৃদ্ধদের মুখে হাঁসি ফোঁটাতে পারবো।

এতে আর কেউ উষ্ণ না হোক আমাদের কোমল হৃদয় অবশ্যই উষ্ণ হবে যদি আমরা একটু এগিয়ে আসি। কি বলেন আপনারা ?

26

ছাব্বিশতম পর্ব
অন্নদাতা

"ওরে আজ ভালো রোদ হয়েছে। এখনো ধানগুলো রোদে দিলি না। তোদের দিয়ে যে কি করি? "- তৎপরতা দেখিয়ে বলতে লাগল সুনীল । সে ভালোই জানে যে এখন যদি ঠিক মত না শুকিয়ে না রাখা হয় , তাহলে খরায় ঐ ধান থেকে ভালো চারাগাছ হবে না। আর চারা যদি কিনতে হয় তাহলে খরায় ধান লাগাতে পারবে না।

তার মতো একজন চাষী যার কোন অন্য আয় নেই তারা কেমন করে সংসার অতিবাহিত করে সেটা বিশ্ববিদ্যালয়ের গবেষণার এক গুরুত্বপূর্ণ বিষয় বলে আমি মনে করি।

থাকতে না পেরে সুনীলের কাছে গিয়ে জানতে পারি অনেক কথা।

বলে আমাদের জমি তো অনেকটাই ছিল। আগে ফলন ছিল কম কিন্তু অজেব রাসায়নিক সার ব্যবহার করতাম না। মোটের উপরে পুষিয়ে যেত। আমাদের বয়স ছিল কম, জমির প্রায় সকল কাজ নিজ হাতে করতাম। বাড়িতে হাল লাঙ্গল ছিল ভাড়া করতে হত না। তাই মোটের উপর সংসার অতিবাহিত হয়ে গেছে তখন ভালোভাবেই।

এখনকার কথা আর বলো না ভাই! দেখতেই পারছো।

বলেই কুলোর বাতাস দিয়ে আবার ধান পরিস্কার করতে লাগলো।

গ্রামের, কামার, কুমোর, তাঁতি ও অন্যান্য হস্তশিল্পের অবস্থা করুন হয়েছে যন্ত্রচালিত মেসিনের প্রচলনের পর।

যুগের সাথে যারা তাল মেলাতে পারে তারা যুগে যুগে টিকে থাকতে পারে। প্রকৃতির নিয়মে বহু জনপ্রিয় ও টেকসই জিনিস আজো টিকে আছে। শেষ হয়ে গেছে বহু !

মানুষ জন্ম নেয় । বড় হয়। নিজের দায়িত্ব পালন করেন। অনেক সময় ইচ্ছাকৃত ভাবে প্রকাশ করে নিজের জীবনের বিভিন্ন অংশ, অনেক সময় ইচ্ছাকৃত ভাবে গোপন করে নিজের প্রয়োজনে। আসে ও যায়। সভ্যতা টিকে থাকে আপনি মহিমায় উদ্ভাসিত হয়ে।

এখন প্রায় সকলেই কেমন যেন একটা কৃত্রিম ভাবে প্রকাশ করে সবকিছু। শিশু সুলভ চপলতা কি আর দেখা যায়?

সমাজ সংস্কৃতি বিনোদন সবই যেন কেমন কৃত্রিম হয়ে গেছে। কোথায় যেন হারিয়ে ফেলেছে মানুষ নিজেদের? ভুলে যাচ্ছে মানবতার সেবা।

মানবতার মরন হয় তখন যখন দেখি অন্নদাতা কাঁদছে অর্থের জন্য, দুবার চাষ করেও যখন সে নিজের জীবনের প্রতিপালন পারছে না।

বাস্তবে গল্পের গরু কখনোও গাছে ওঠে না।

সকলের অলক্ষ্যে একদল মানুষের কি যে হচ্ছে ---

সকলেরই মনে হয় আবার একটু ভাবনার প্রয়োজন এসেছে।

এই সুনীলেরা যেন বেঁচে থাকে শান্তিতেই এটা আমাদের সকলের স্বার্থে। তবেই বিজয় ডঙ্কা বাজবে মানবতার। সেটা আজ না হয় কাল হবেই হবে।

27

সাতাশতম পর্ব
ইতিহাসের পাতা থেকে

বাণিজ্যে বসতে লক্ষ্মী।

তদর্ধম কৃষিকর্মাণি।

তদর্ধম রাজসেবায়াম।

ভিক্ষায়াম নৈব নৈব চ।

সম্রাট চন্দ্রগুপ্ত মৌর্য্যের সিংহাসনে আরোহণ অনুষ্ঠানের প্রস্তুতি শুরু হয়েছে। সবাই চলে এসেছেন সময় মতো। সকলেই নিজের নিজের মত দিচ্ছেন এই সমারোহ অনুষ্ঠানকে কিভাবে আরো ভালো করা যায় বা আরো স্মরণীয় করা যায়।

অদ্ভুতভাবে দেখা যায় চানক্য বা কৌটিল্য অনুপস্থিত।

চন্দ্রগুপ্ত মৌর্য্য জিজ্ঞাসা করলেন--" কৌটিল্য কোথায়?"

কেউ সদুত্তর দিতে পারেননি তখন। তৎক্ষনাৎ চন্দ্রগুপ্ত মৌর্য ঐ বৈঠক বাতিল বলে ঘোষনা করলেন এবং পরদিন বিকেলে ঐ বৈঠক হবে বলে স্থির করলেন। এও ঘোষণা করলেন যেন কৌটিল্য অবশ্যই উপস্থিত থাকেন।

এই সেই কৌটিল্য যিনি চানক্য নামেও সমানভাবে বিখ্যাত। তিনি অর্থশাস্ত্র নামে এক পুস্তকের রচনা করেছিলেন যা " কৌটিল্যের অর্থশাস্ত্র" নামে ইতিহাস প্রসিদ্ধ।

ধননন্দ ছিলেন নন্দ বংশের শেষ রাজা ও অত্যাচারী। তিনি একদিন কৌটিল্যকে বিনা কারনে অপমানিত করেন। করেন তীব্র লাঞ্ছিত ও।

সেদিন তিনি পণ নেন ধননন্দকে তিনি উপযুক্ত শিক্ষা দেবেন।

এরপর বেশি কিছু জানা যায় না। শুধু একটুখানি জানা যায় তিনি বালক চন্দ্রগুপ্ত মৌর্যের অস্ত্র সহ বিভিন্ন বিষয়ে শিক্ষা দিয়ে রাজার উপযুক্ত বানিয়েছিলেন।

একটি বিষয়ে তার একটুখানি দ্বিধা ছিল সেটি নিরসনের জন্য তিনি একটি পরীক্ষা নিয়ে ছিলেন।

সাহসে ও শক্তিতে চন্দ্রগুপ্ত মৌর্যের সমকক্ষ আর একজন ছিলেন। তাদের দুজনের মধ্যে কে শ্রেষ্ঠ সেটাই যাচাই করাই ছিল সেই পরীক্ষার মূল অর্থ।

তাই তিনি দুজনকে আলাদা আলাদা ভাবে ডেকে দুজনকে দুটি তাবীজ দিলেন ও নির্দেশ দিলেন গলায় পড়তে। দুজনে তা পরলেন। এরপর কয়েকদিন পরে আবার আলাদা আলাদা ভাবে ডেকে দুজনকে বললেন-" তাকেই তিনি শ্রেষ্ঠ বলে মনে করবেন যে অপরকে না জানিয়েই দুটো তাবীজ তাকে ফেরত দিতে পারেন!'

অন্যজনকে ঘুমন্ত অবস্থায় হত্যা করে সেই তাবীজ চন্দ্রগুপ্ত মৌর্য চানক্যকে ফিরিয়ে দিয়েছেন।

এই সেই চানক্য যাকে সমারোহ প্রস্তুতিতে ডাকা হয় নি।

মৌর্য জানতেন পৃথিবী মোসাহেব ও ধান্দাবাজ মানুষে ভরা। তাঁরা নিজেদের অস্তিত্ব ও অর্থ লাভের উদ্দেশ্যে সব সময় ঘোরেন। এটা কত বছর আগেও কিরকম সত্য ছিল তার ভাবলেও অবাক লাগে।

এসব ব্যক্তিদের ইতিহাস মনে রাখে না। তাদের নাম আমরা চেষ্টা করেও জানতে পারিনা। তাই না?

সহজেই আমরাও কিন্তু এভাবে প্রায় সকল মানুষকে চিনতে পারি।

পরের দিন বৈঠক হল। সেই চন্দ্রগুপ্ত মৌর্য কৌটিল্যকে নিজের প্রধান সেনাপতি তথা প্রধানমন্ত্রী হিসেবে দায়িত্ব দিয়েছিলেন।

দেখতে কুৎসিত মানুষটি পৃথিবীর ইতিহাসে এক বিরল নক্ষত্র। তার পান্ডিত্য সারা বিশ্বের মধ্যে সমাদৃত। তিনি বিষ্ণুগুপ্ত নামেও সমানভাবে বিখ্যাত।

দিন দিন মৌর্য্য সাম্রাজ্য মানে সম্মানে উন্নত হতে থাকলো। জ্ঞান বিজ্ঞানেও বিশ্বে সমাদৃত হল। কৌটিল্যের নীতি সম্রাট চন্দ্রগুপ্ত মৌর্য সহ অন্যান্য মৌর্য সম্রাট যেমন বিন্দুসার ও মহামতি অশোক ও মেনে চলেছেন। ঐ সময় ভারতের এক গৌরবোজ্জ্বল অধ্যায় হিসেবে ইতিহাসবিদরা যতার্থই চিহ্নিত করেছেন। নন্দ বংশের অপদার্থতার সাথে কৌটিল্য সমন্বয়

অতুলনীয়। ইতিহাসের এক অদ্ভুত প্রতিযোগিতার ঘটনা। এক উত্থান ও এক পতনের ঘটনা।

তার প্রত্যেকটা শ্লোক বিখ্যাত কারন তাতে আছে সমাজের সর্বস্তরের মানুষের প্রতি শ্রদ্ধা, জ্ঞান ও নিখাঁদ সত্যতা ও সতর্কতা সহ সবকিছু।

28

আঠাশতম পর্ব
জীবনের লক্ষ্য বা টার্গেট

বিমল আজ উঠানে বসে আছে। আয়না হাতে। আয়নায় মুখটা দেখছে আর মিটিমিটি হাসছে ঠিক যেমন সেল্ফি নেওয়ার সময় ব্যক্তিরা করেন আরকি। বিভিন্ন ধরনের অঙ্গভঙ্গি ও বিভিন্ন এঙ্গেল থেকে নিজের রূপকে দর্শন। নিজেকে তার ঐ ছবিতে ভালোই লাগে। আবার হাসে।

বেশ কিছুক্ষন ধরে অমল দুয়ার থেকে সেটা লক্ষ করে আর মনে মনে ভাবে দাদা তো এরকম করে না। নিশ্চয় কিছু হয়েছে দাদার।

অমল ও বিমল দুই ভাই। অমল ওর থেকে প্রায় বারো বছরের ছোট। বিমলের বয়স সাতাশ। সবে পড়াশোনা শেষ হয়েছে ওর। রেজাল্ট বেশ ভালো। পড়াশোনা ছাড়া কক্ষনোই অন্য কিছু ভাবেনি।

অর্থাৎ টার্গেট পড়াশোনা।

অমল সবসময় দাদাকে অনুসরন করে চলতে চেষ্টা করে। দাদাও যথেষ্ঠ সাহায্য করার চেষ্টা করে তাকে।

দুই ভাইয়ের মধ্যে জেনারেশন গ্যাপ এক যুগ! নয়তো কি! সবাই তো বারো বছর কে এক যুগই বলে। তাই না।

আপনারা কি বলেন? যুগ না অন্যকিছু।

এরপর চাকরি বা ব্যবসা। বাবার বড়ো ইলেকট্রনিক্স পণ্যের ব্যবসা আছে। সেটা অন্য ব্যক্তি চালাচ্ছে এর পরিবর্তে তাকে মজুরি দিতে হচ্ছে মোটা টাকা।

তাই ওর বাবার টার্গেট বিমল এবার ব্যবসাটা ধরুক।

বিমল চায় সরকারি চাকরি করতে। এখন এটাই ওর টার্গেট।

অমল চায় একটা ভালো শহরে উচ্চশিক্ষার জন্য ভালো ইস্কুলে পড়তে।

ওদের মা চায় এক্ষুনি বড় ছেলের বিয়ে দিয়ে ঘরে বউ আনতে।

একটু ভাবুন তো! বাড়ির চারজন মানুষের টার্গেট কি কি ? কত ধরনের?

সবাই কিন্তু নিজ নিজ টার্গেট কে পাওয়ার জন্য তার তার মতো পরিকল্পনা করে যাচ্ছে সবসময়।

কেউ সৎ ভাবে পরিশ্রম করে কেউ বা ফাঁকি দিতে থাকে।

যার পরিকল্পনায় খাটনির অভাব থাকে তার টার্গেট পূরণ হতে দেরি হয় অথবা সে ব্যর্থ হয়।

এই টার্গেট প্রত্যেক মানুষের সময় সময় পরিবর্তন হতে বাধ্য হোক তার জ্ঞাতসারে বা অজ্ঞাতসারে। প্রকৃতির এটাই অমোঘ নিয়ম।

চন্দ্র, সূর্য সকলেই নিজের নিজের টার্গেট পূরণ করে। চন্দ্রের মাস, পৃথিবীর দিন ও সূর্যের বছর।

তাই প্রত্যেক মানুষের ও সবসময় এক সৎ টার্গেট বা লক্ষ্য থাকা উচিৎ।

এই প্রকৃতি এমনই সকলেই তাকে মানতে বাধ্য।

স্কুলে শিক্ষক মহাশয় ছাত্র ছাত্রীদের পড়াশোনা করান ও ধীরে ধীরে তাদের জ্ঞানের উন্মেষ ঘটান এটাই তাদের কাজ। আবার সরকারি কর্মকর্তা তাদের নিজেদের কাজ গুলো সুসম্পন্ন করান এটাই তাদের কিছু কাজ।

প্রত্যেকটা সময়ে আমরা নিজেরাই নিজেদের জ্ঞাতসারে বা অজ্ঞাতসারে একটা টার্গেট পূরণ করতে ব্যস্ত।

ঐ প্রকৃতির প্রত্যেকটা বস্তু নিজের সবসময় ঐ একই সূত্রে সর্বদাই চলমান। যেমন জল উপর থেকে নিচে চলে। লোহাকে তাপ দিলে তা লাল ও গরম হয়। টিনে লাঠি দিয়ে পিটিয়ে আওয়াজ তৈরি হয়।

অর্থাৎ প্রত্যেক কার্যের জন্য একটা সঠিক ফল পূর্ব নির্ধারিত। এটা আমরা সকলে বুঝি। অনেক সময় তা মেনে নিতে কষ্ট হয়।

এতসব জানা সত্ত্বেও আমরা বেশির ভাগ সময়েই কোনরূপ টার্গেট করি না।

তাহলে একটু ভাবুন না কেমন করে আমাদের টার্গেট পূরণ হবে।

কি সত্য। তাই না।

ভাবুন ও টার্গেট করুন তা পুরন করুন। আবার টার্গেট করুন এবং তার জন্য আবার খাটতে থাকুন। এমনি করতে করতেই আপনি এক সম্মানীয় স্থান দখল করবেন অবশ্যই। যেটা স্বয়ং ঐ প্রকৃতি আপনাকেই প্রদান করতে প্রস্তুত।

এটা শুধুই সময়ের অপেক্ষা।

মানব জাতি হচ্ছে জাতি শ্রেষ্ঠ । তবুও প্রকৃতির অবমাননা সব থেকে আমরাই করি।

যার মাসুল ও আমরাই দিই।

টার্গেট হীন জীবন অনেকটা দড়ি হীন ঘুড়ির মতোই । উড়তে পারে না।

তেমনি মানুষ পৌঁছাতে পারে না কোন লক্ষ্যে। মানুষের জীবনে তা অদৃশ্য দড়ি। দেখতে পাওয়া যায় না কিন্তু অবশ্যই প্রয়োজনীয়।

29

উনত্রিশতম পর্ব
খাটনির ফল

চলুন আজ কল্পনার এক জগতে প্রবেশ করি। সেখানে শুধুই দিন। রাত্রি নেই। সূর্যালোক সবসময় বিচরন করছে। পৃথিবীর মতোই সবই আছে কিন্তু কোন জিনিসের ক্ষয় নেই। ধ্বংস নেই তাই নতুন কিছু সৃষ্টিও নেই।

সকল মানুষ উচ্চশিক্ষায় শিক্ষিত। প্রয়োজনে তারা অন্য গ্রহে বিচরন করতে পারে টাইম ট্রাভেলের মাধ্যমে।

সকল মানুষ ভগবানের স্বরূপকে বুঝতে পেরেছে তাই কোনো অশান্তি ও হানাহানি নেই। অদ্ভুতভাবে মানুষ এক উন্নতির চরম শিখরে প্রবেশ করেছে।

নতুন নতুন জিনিস আবিষ্কার হচ্ছে চলছে মানবতার এক চরম বিজয় অভিযান।

কি দারুন না। এটা এমনকি আমরা স্বপ্নেও দেখি নি।

আচ্ছা কখনো যদি তার সম্ভব হয় তাহলে কি হবে ?

ভাবতেও অবাক লাগে। কেউ কিন্তু গরিব নেই সবাই বুদ্ধিমান । কাউকেই সহজে বোকা বানানো যাবে না।

এভাবে চলতে থাকলে কোন শ্রেনীর মানুষের ক্ষতি সাধন হবে একটু ভেবে দেখেছেন কি?

হ্যাঁ! ঠিকই ধরেছেন সেই ভাঁওতাবাজদের। যাদের উদ্দেশ্য অপর মানুষের অজ্ঞতার সুযোগ নিয়ে নিজেদের স্বার্থ চরিতার্থ করা।

তাই সকলেরই প্রথম ও প্রধান উদ্দেশ্য হল হওয়া উচিৎ মানুষের প্রকৃত শিক্ষা প্রদান করা। শিক্ষার কঠিন ভাবে মান উন্নয়ন করা।

শিক্ষা আনে চেতনা। চেতনা আনে নবজাগরণ। নবজাগরণ আনে মুক্তি। কুসংস্কার থেকে মুক্তি, অজ্ঞতা থেকে মুক্তি, অভাব থেকে মুক্তি, অশান্তি থেকে মুক্তি, চঞ্চলতা বা অস্থিরতা থেকে মুক্তি। খোলে এক নতুন দিশা।

একশ্রেনীর মানুষ তাই সবসময় চায় সর্বস্তরের মানুষের উন্নতি। সকলের অলক্ষে কাজ করে যায় মানবতার জন্য।

বর্তমান সমাজ তাদের দার্শনিক, গণিতবিদ, পন্ডিত , লেখক বা বিজ্ঞানী হিসাবে চেনে। তাদের একমাত্র লক্ষ্য সর্বস্তরের মানুষের ভালো। সকলেই তারা নিজ নিজ সাধ্যমত সাধারণত কাজ করে চলেছেন। চায় না তাদের কোন খ্যাতি বা অন্যকিছু।

সৃষ্টি সুখের উল্লাসেই মত্ত তারা। জগৎ এগিয়েছে তাদের জন্যে। তাঁরা আছেন তাঁরা ছিলেন ও তাঁরা থাকবেন। যুগে যুগে ।

লক্ষ্যে তারা অবিচল। তাদের অদ্ভুত ব্যক্তিত্ব ও প্রজ্ঞা সকলকে যুগে যুগে করে চলেছেন উদ্ভাসিত ও উদ্বেলিত।ঈশ্বরের অস্তিত্ব তো সেখানেই।

তাদের জন্যই মানব সমাজ এতোদুর এসেছে আরো উন্নত হবে। চলে যাবে উন্নতির এক চরম শিখরে।

কে বলল ভগবানের দেখা মেলে না। তিনি তো এদের মধ্যেই বিরাজ করে।

আর এগুলোর যারা বাঁধা প্রদান করে তারা তারা আর কেউ নয় তারা হল -----!

সব সময়ই দেখা যায় সত্য জয়ী হয়ে এসেছে। এখানে ও তাই হবে।

সমাজ চলবে তার নিজের নিয়ম মেনে। মানুষ সহ সকল প্রানী ও উদ্ভিদ তো নিয়মের দাস।

তাই মানুষ ঐ কল্প জগতের দিকে ধীরে ধীরে এগিয়ে চলেছে গুটি গুটি পায়ে। অসীম এক অমরত্বের দিকে।

ঈশ্বর সব সময় আমাদের সাথেই আছেন। সত্যের সাথে ও সুন্দরের সাথে।

তাই ঐ বিজয় ডঙ্কা আজো উড্ডীয়মান।

30
ত্রিশতম পর্ব স্বর্গের স্বাদ

"বাবা তুমি কোথায় গেলে গো আমাদের ছেড়ে।"- বলে স্নেহলতা চিৎকার করে করে কাঁদছে। কাঁদবে নাই বা কেন এতদিন বাবা যে তাকে বুকে করে আগলে রেখেছিল। একমাত্র মেয়ে। তিন ছেলে মেয়েদের মধ্যে সবথেকে বড়ো। দুই ভাইয়ের সমস্ত দায়িত্ব এখন তার উপর এসে পড়ল। বাবার বয়স হয়েছিল। সত্তর। হঠাৎ ম্যাসিভ হার্ট এ্যাটাক। আর চলে যাওয়া।

ওর মায়ের শরীরের অবস্থা করুন। বারবার মূর্ছা যাচ্ছেন। ওর বাবা ও মায়ের মধ্যে আত্মিক টান উপমা দেওয়ার মতো। আজকালকার মডার্ন ছেলে মেয়েদের মতো নয়। সম্পর্কের নিখাঁদ ও অটুট সমন্বয়ের মেলবন্ধন।

বাবার মৃত্যুতে যেন ওরা বাক্যহারা।

ওর বাবার শিক্ষা দেওয়ার পদ্ধতি ছিল অদ্ভুত। সমস্ত কিছু নিখুঁত উপমা দিয়ে দিয়ে বলতেন।

"আজ দশদিন হয়ে গেল বাবার চলে যাওয়া।" বাবার সেই কথাগুলো বলতে বলতে চলে আসে এক অদ্ভুত স্মৃতিচারণা। বাবার আরাম কেদারায় হাত বুলাতে বুলাতে সে বলে - "বাবা এখানে বসে থাকতেন। দুই ভাই আর আমি নীচে মেঝেতে বসে বসে বাবার কথাগুলো মনোযোগ দিয়ে শুনতাম।"

বাবা বলতেন-" যেখানে তোমার উপযুক্ত সম্মান নেই সেখানে কক্ষনো যাবে না। তোমাদেরকে যে গুরুত্ব দেবে , যেখানে তুমি তোমার জ্ঞানের পূর্ণরুপে প্রকাশ করতে পারবে সেখানেই তোমরা থাকবে। এতে তোমাদের

দিন দিন জ্ঞানের বিকাশ হবে। সকলেই তাতে শান্তিতেই থাকতে পারবে। সমস্যাটি হয় তখনই যখন তোমাদের কাউকে ভালো লাগে কিন্তু তুমি জানো সে তোমার তোয়াক্কা করে না এরূপ অবস্থায় সেই স্থান সেই সময়ে ত্যাগ করা উচিত। সেখানে মর্যাদা হারাতে পারে। যে তোমাকে মিথ্যা বলেছে তার কাছে থাকা তোমাদের পক্ষে বিপদজনক। যে মেয়ে বা ছেলে অনেকের সাথে গোপনে সম্পর্ক রাখে ও সেজন্য মিথ্যার আশ্রয় নেয় তারা সাপের থেকে ক্ষতিকর।"

এই সব বলতে বলতে স্নেহলতা সে ফুঁপিয়ে ফুঁপিয়ে কেঁদে ওঠে। বলে বাবা আমার পন্ডিত মানুষ ছিলেন। মাও উচ্চ শিক্ষায় শিক্ষিতা তবুও কক্ষনো বাবার সাথে তর্ক করতে দেখিনি। বাবাকে গুরুজন হিসাবে সবসময় মান্য করতেন। বাবার মায়ের প্রতি ভালোবাসা ছিল অটুট তবে আদিখ্যেতা ছিল না।

মাও ছিলেন এক উচ্চপদস্থ কর্মকর্তা কিন্তু তা নিয়ে কক্ষনো বাতুলতা ছিল না। এক কথায় এক পারফেক্ট কাপল।

"তাই আজ তুমি ও তোমার দুই ভাইয়ের মন এত উদার। সকলের জন্য তোমরা এত ভাবো। সকলের মঙ্গল কামনায় রত থাকো। যেমন গাছ তার তেমন ফল! তোমার বাবা মন থেকে ছিলেন এক বড়ো মাপের মানুষ যা সচরাচর দেখা যায় না।"- পাড়ার একজন বৃদ্ধা বলে উঠলেন।

এরূপ চলতে থাকে। এমনি করতে করতে মাস যায়, বছর গড়ায়। উচ্চশিক্ষায় শিক্ষিত হয় স্নেহলতা। বাবার কথাগুলোর গুরুত্ব সে বুঝতে পারে।

সমাজে ও পরিবারে হানাহানি ও অশান্তি, অল্প কথায় স্বামী স্ত্রীর মধ্যে ডিভোর্স এই সব মূল্যবোধের অবক্ষয়ের লক্ষণ। কারো মনে আজ শান্তি নেই। ছেলে মেয়েদের বিয়ের পর তারা প্রতিপালক মা বাবাকে ঘৃণার চোখে দেখে। উচ্চ স্তরের মধ্যে এই সমস্যাই সব থেকে বেশী। বৌমা তার মা বাবার মতো স্বামীর মা বাবাকে দেখে না। এটা কোন ধরনের শিক্ষা। বোধগম্য হয় না।

চারিদিকে দেখি এধরনের নানান সমস্যায় সমাজ আজ জর্জরিত। এতে সকলেই কষ্ট পাচ্ছে।

স্নেহলতার মা আসে ও বলে- " সমস্যা আসবেই কিন্তু কোন ক্ষেত্রেই কোন কিছু না বুঝেই যা তা বলে দিলে চলবে না। দেখ তোর বাবার আদর্শ ছিল শিক্ষনীয় তাই আমাদের পরিবারের শান্তি ছিল। তাতে আমাদের অনেক আত্মীয় ও মনে মনে জ্বলতো। তাদের আচরণে বুঝতে পারতাম। তাই বলি

আত্মীয়রাও সব সময় ঠিক কথা বলেন না। সব সময় তাই বুঝে পদক্ষেপ গ্রহণ করা উচিৎ।'

"মা সেটাই তো সবাই বুঝতে পারে না সবাই সবসময়। সমস্যাটি তো ওখানেই।"

"ঠিকই।" বলল মা। চলো সবাই আমরা তোর বাবার সাথেই থাকি তার দর্শনের সাথে।

31

একত্রিশতম পর্ব
জামাইকান জামাই

" তোদের এই সব সময় ঘ্যান ঘ্যান ভালো লাগে না। কতক্ষন ধরে বসে আছি তোর দোকানে কয়েকটি নটকোনা জিনিস নেব বলে। ব্যাটা বলল নাকি জামাইকান জামাইকে দেখেই এক্ষুনি আসছে। ওদিকে উনানে রান্না চাপিয়ে এসেছি পুড়ে যাবে মনে হয়। এ জানলে গ্যাসের সুইচটা বন্ধ করে আসতাম।"- রাগে গরগর করতে করতে বলে চলেছে মনিদিদা। বয়স সত্তর হবে। বিধবা। পড়নে একটা সাদা ধুতি। সরু হালকা গোলাপী দাগ তাঁতের তৈরি। ধুতি ঠিকঠাক পরিষ্কার নয়। ছোট বড়ো উনি বারোয়ারী দিদা। কোন সম্পর্কে দিদা তা কিন্তু কেউ বলতে পারবে না।

ওনাকে যদি কেউ নাম জিজ্ঞাসা করেন তাহলেও বলেন তার নাম মনিদিদা। ছেলের ও দিদা, বাবা মায়ের ও দিদা। অনেকটা চাঁদমামা টাইপের আরকি!

আমাদের তো মাঝেমধ্যে সন্দেহ হয় উনার আধার কার্ড ও ভোটার কার্ডে ও ঐ একই নাম থাকবে। অতীব সরল, গলগল করে কথা বলা এক সর্বজন প্রিয় বৃদ্ধা। সব দাঁতগুলি ভেঙ্গে যাওয়ায় কথা বলার সময় একটু হাওয়া বেড়িয়ে যায়। এতে তার কথার আওয়াজের মাধুর্য আরো বেড়ে গেছে। তাই সবাই তার একই উচ্চারন বারবার শুনতে চায়। এটা মনিদিদা ভালোই জানেন আর সকলের আবদার রাখেন ও।

এরকম একজন ব্যক্তিকে জামাই দেখবো, তাও আবার জামাইকার! কথাটা আমাদের ও ঠিক বোঝা গেল না।

দিদাকে বললাম " কি নেবে?"

উত্তর এল-" নুন ও আরো কয়েকটি জিনিস!"

বললাম নুন নিয়ে চলে যাও। মনে হচ্ছে দোকানদারের দেরি হবে।

ওদিকে দিদা যখন ফিরে যাচ্ছেন তখন সকলকে ধরে ধরে বলছেন ফিরে আসি তারাতারি। জামাইকান জামাই কেমন দেখতে হয় দেখবো।

পাড়ায় রব উঠে গেছে। জামাই দেখার । সবাই উৎসুক। পাড়ার দুজন রিপোর্টার বন্ধুও দেখছি হাজির দোকানদারের কাছে।

সন্ধ্যা সাড়ে সাতটায় গিয়ে দেখি দোকানদার ব্যাটা তখনো দোকানে বসেন নি। অগত্যা ওর বাড়ির দোতলায় গিয়ে দেখি ব্যাটা একদিনের ক্রিকেট ম্যাচ দেখছে। ভারত ও ওয়েস্ট ইন্ডিজ ম্যাচ। এরকমই কিছু একটা ভেবেছিলাম। মনিদিদার ঐ অপরূপ বাচনভঙ্গিতে আমরা গ্রামের সকলেই সেদিন জামাইকান জামাই দেখেই তবেই ক্ষান্ত হলাম। ঘটনাটি প্রায় পনের কুড়ি বছর পুরনো। কোন এক ঘটনার সাথে মিলিয়ে কথাটির উৎপত্তি করা হয়েছিল মনে হয়।

মনিদিদা যদি আজ বেঁচে থাকতেন তো তার বয়স সঠিক কত হতো সেটাও অনেকের কাছে বিতর্ক।

32
বত্রিশতম পর্ব শৃঙ্গ

সেদিন ঝুমাদের পাড়ায় এক মস্ত এক তর্ক শুরু হয়। প্রত্যেকে এই সভায় নিজ নিজ বক্তব্য রাখেন। প্রায় চারঘন্টা ধরে অনুষ্ঠিত হয় ঐ সভা। সভার সভাপতি হিসাবে অলঙ্কৃত করেন এ এলাকার এক নামজাদা পন্ডিত হাফিজুল আহমেদ। বলা বাহুল্য তিনি চারটি ভাষা যেমন বাংলা, উর্দু, ইংরাজি ও আরবি ভাষায় পন্ডিত।

দুর দুরান্তের বহু মানুষ আসেন হাফিজুল সাহেবকে দেখতে। উনাকে আমরা চিনতাম কিন্তু বলতে দ্বিধা নেই উনার পান্ডিত্যের গভীরতা আমাদের কাছে অজানা ছিল।

উনার বাড়ি আমাদের পাড়ায়। আচার ব্যবহার দেখে বোঝার উপায় নেই তার পান্ডিত্যের। কি নম্র ব্যবহার, মানুষের প্রতি কি অগাধ ভালোবাসা ও সম্মান প্রদান!

সব সময় তাঁকে দেখে আমাদের মাথা শ্রদ্ধায় নত হয়ে যায়। মধুর বাচনভঙ্গি ও কথা বলার সময় কি অদ্ভুত শব্দের চয়ন শেখার মতো।

আজকাল বিদ্বান হিসাবে দর্প করেন অনেকে। এদের প্রসঙ্গে জিজ্ঞাসা করতে গেলে তিনি বলেন-" ঐ সকল জিনিস থেকে বোঝা যায় দর্পকারী ব্যক্তি কোন পরিবারের।"

কি সুন্দর বিচারধারা। ভাবলেও চমৎকৃত হতে হবে।

পন্ডিত ব্যক্তির কথা মনে আনলেও ঐ ব্যক্তির ছবিই হৃদয়ে ভেসে ওঠে।

তখন আমাদের বয়স সবে বারো। ভালো মন্দ সবে বুঝতে শিখেছি। হঠাৎ দেখি এক জনপ্রিয় দৈনিক সংবাদপত্রে উনার ছবি।

কোন এক আন্তর্জাতিক সভায় উনি যে সম্মান পেয়েছিলেন তার সম্বন্ধে লেখা। বিশ্বের তাবর তাবর দেশের বিখ্যাত লোকেরাও উনার ভাবধারায় প্রভাবিত।

ঐরকম এক ব্যক্তিকে বিচারকের আসনে বসিয়ে কমিটি যে উচিৎ কাজ করেছেন তার বলার অপেক্ষা রাখে না। এক্ষেত্রেও প্রতিযোগিতা চলছে খুবই উন্নত মানের। প্রায় সাতাত্তর জন উপস্থিত।

চলছিল সবকিছুই ভালো। সভাঘরটি ছিলো তিন তলায়। তখন সন্ধ্যা সাড়ে সাতটায় হঠাৎ বিদ্যুৎ চলে যায়। বসে আছি বিদ্যুৎ এর জন্য। শুনলাম জেনারেটার ও খারাপ।

অসহায় অবস্থায় বসে আছি। কিছু ভালো লাগে না। এমন সময় উনি উনার জীবনের অনেক কাহিনী শোনালেন নিজের মুখে। প্রত্যেকটি জ্ঞানসমৃদ্ধ। সুযোগ পেলে কথা দিচ্ছি আমি সে সব কাহিনী একে একে শোনাবো আপনাদের। আমি নিশ্চিৎ আপনারাও বিশেষ রূপে সমৃদ্ধ হবেন। এমনি করে প্রায় দেড় ঘন্টা বসে আছি।

হঠাৎ শুনলাম নীচ থেকে চিৎকার। একতলায় সিঁড়িতে আগুন লেগেছে। সিঁড়ির পাশে যে অস্থায়ী রান্না ঘর ছিল সেখানেই সিলিন্ডার ফেটেছে।

আমরা তো শুনেই থর থর করে কাঁপতে শুরু করেছি।

তখনকার কথা আজ যখন লিখছি তখন ও হৃদকম্প অনুভব করছি। এতগুলো ছেলেকে তিনি ঐ চরম দুঃসময়েও সঠিক রাস্তা দেখিয়েছেন।

ঈশ্বরের কৃপায় আমাদের কারোর কোনরূপ ক্ষতি হয় নি। আমরা সবাই অক্ষত অবস্থায় সেদিন বাড়ি ফিরেছিলাম কেবল মাত্র উনারা জন্যই।

উনি আমার এ জীবনের এক অন্যতম আকর্ষণ।

উনার কাছ থেকে শিখেছি সব সময় বিশেষতঃ দুঃসময়েও যে ঠান্ডা মাথায় থাকতে পারে তার কক্ষনোই কোন বড়ো ক্ষতি হয় না।

ঘটনাটি আমার মনে এতোই দাগ কেটেছিল যে এখনোও ঘুমের মধ্যে মাঝেমধ্যে আঁৎকে উঠি।

33

তেত্রিশতম পর্ব শুদ্ধ স্বত্ব

"চল তোকে আজ স্কুলে দিয়ে আসি। প্রতিদিন তো পারি না। " - এই বলে জড়িয়ে ধরল মন্মথ তার সাত বছরের মেয়ে দুলালী কে। হ্যাঁ সে আলালের ঘরের দুলালীই বটে। বাবা মা দুজনেই কর্মরত। চলবে কি করে সংসার। জিনিসের যা দাম! আর মাইনের যা ছিরি! হিমসিম খাচ্ছে পরিবার। তাই অগত্যা দু'জনে তুলে নিয়েছে সংসারের দ্বায়িত্ব।

দুলালী অতসব বোঝে না। সে শুধু বোঝে তার মা বাবা তাকে অন্যান্য বাচ্চার মা বাবার মতো অত ভালোবাসেন না। মনে মনে তাই তাদের প্রতি অভিমান করতে থাকে। বলে না কিছু কিন্তু তার ক্রিয়াকর্ম থেকে সব কিছু স্পষ্ট প্রকাশ পায় সব সময়।

তাই আজ বাবা তাকে স্কুলে ছাড়তে আসছে সঙ্গে করে। ভেবেই দুলালী আনন্দে আত্মহারা। বলে- "বাবা স্কুলের ড্রেসটা পড়াও। দেরি হয়ে যাচ্ছে যে। দেরি হলে ম্যা'ম বকবে। তোমার আবার সব কিছুতেই ঢঙ।"

শিশু সুলভ এই শাষনের এই স্বাদটা তার গ্রহন করতে ভালোই লাগে। তাই তারাতারি নিজে ও তৈরি হয়ে মেয়ের বইয়ের ব্যাগটা কাঁধে নিয়ে চলল সেই স্কুলের দিকে। সকলে তখন ঘুম থেকে ওঠে নি। যারা উঠেছেন তাদের অনেকেই রাস্তায় দাঁড়িয়ে দাঁড়িয়ে দাঁত মাজছেন। অনেকে ঘর বাড়ি পরিস্কার করছেন। অনেকে রাস্তা ঝাঁট দিচ্ছেন।

সকালের এই নির্মল পরিবেশে যেন সবাই একাত্ম হয়েছে। প্রকৃতি অনেক শান্ত ও স্নিগ্ধ।

দুলালী হাঁটছে বাবা হাত ধরে। হাঁটা নয় লাফাতে লাফাতে চলা বললে উপযুক্ত হবে।

মেয়ের এই নির্মল আনন্দে সামিল হতে পেরে নিজেকে একজন সৌভাগ্যবান বলে মনে হয়েছে।অন্যের এটা স্বাভাবিক মনে হলেও এটা মন্মথের কাছে বিরাট পাওয়া।

দুলালী বলে -" বাবা , এবার থেকে আমি তোমার সাথেই স্কুলে আসবো ও যাবো। "

মেয়ের এই দাবি সে পুরন করতে পারবে না জেনেও বলে-" ঠিক আছে। তাই হবে। "

এই বলে রাস্তার মধ্যে হঠাৎ মেয়েকে কোলে তুলে নেয়।

হঠাৎ দুলালী বলে ওঠে-" কেন পারবে না!"

বলে তার চোখের কোনে জল চলে আসে। এই ছোট বেলায় ও সে জেনে গেছে বাবার দ্বারা তার সম্ভব নয় কারণ ছোট বেলা থেকেই সে দেখেছে বাবার বাড়িতে থাকার সময়টা। কাজে নিজেকে যে কেমন ভাবে নিঙরে দিতে হয় বাবাকে , এতো ছোট বয়সে ভালোভাবে বুঝতে পারে।

বাবার যাওয়ার টাইম ঠিক থাকে কিন্তু ফেরার ঠিক থাকে না।

অরুনা ও মাঝেমধ্যে এই নিয়ে অসন্তোষ প্রকাশ করতো। মনোমালিন্য হতো মাঝে মাঝে। মানুষের জীবনে তো আর সব কিছু পাওয়া যায় না। সব কিছুতে যে মন খারাপ করতে নেই সে শিখে গেছে।সে দেখেছে সামান্য বোঝাপড়ার অভাবে কত সংসার ভেঙেছে। এখনোও দেখছে। তাই সে আর স্বামীর প্রতি কোন অভিযোগ করে না। আগে হয়তো মাঝেমধ্যে সন্দেহ করতো কিন্তু মন্মথ'র নাড়ী নক্ষত্র বুঝে যাওয়ার পর তা আর করে না বরং তার স্বাস্থ্যের খেয়াল রাখে এবং ওকে নিয়ে গর্ব বোধ করে। তার কর্মের প্রতি নিষ্ঠা বোধের প্রশংসা এখন তার মুখে।

এতসব মুখে বলেও যেগুলি বোঝানো যেতো না সেগুলো অনুরাধা এখন নিজেই বুঝতে পারে ভেবে সে ঈশ্বরের কাছে কৃতজ্ঞতা প্রকাশ করে।

অথচ তাদের বিয়ের সময় শত শত সমস্যা ছিল । যত না সমস্যা ছিল তাদের নিজেদের মধ্যে তার থেকে বেশি ছিল তাদের দুই পরিবার ও আত্মীয়দের মধ্যে। ভাবতে অবাক লাগে কোথায় তারা নবদম্পতির কথা ভাববেন? প্রত্যেকে ভাবছেন নিজের নিজের লাভের কথা, ভাবছেন প্রভাব

প্রতিপত্তির কথা।

নববিবাহিত দম্পতির সমস্যার কথা না ভেবে তাদের সমস্যাগুলো কি করে আরো বাড়িয়ে দিয়েছে সে সময়।

মন্মথ ও অনুরাধা দু'জনে মিলে আলোচনা করে সমস্ত এখন মিটিয়ে নিয়েছে। অথচ এমন একটি সময় এসেছিল যে তাদের সম্পর্ক ভাঙতে বসেছিল। এতে হয়তো অনেকের ভালো হতো।

দু'জনেই দুজনকে সব কিছুই জানাতো।

ঐ জটিলতা আরো বেড়ে যায় যদি কোনো তৃতীয় ব্যক্তির আগমন হয়।

ঘোলাজলে মাছ ধরায় ইচ্ছুক সেই তৃতীয় ব্যক্তিকে মন্মথ দিয়েছিল সপাটে ------ ।

ভূত ভেগেছিল সাথে সাথেই।

34

চৌত্রিশতম পর্ব বিদ্বান সর্বত্র পূজ্যতে

এবার বোধহয় স্টাডি ট্যুরটা হল না। অনেক চেষ্টা করেও ত্রিশ জনের ছাত্র ছাত্রীদের বোঝানো মুশকিল হয়ে যাচ্ছে। তারপর এত খরচ। ঐ সব নিজেকেই বলছিল উত্তম। বড়োই হতাশ সে। নিজে ছাত্র না হয়েও স্টাডি ট্যুরে তার যোগদান ছিল অনস্বীকার্য।

তাই অগত্যা তাকে দিয়ে আমরা যারা ট্যুরে ইচ্ছুক তারা রাজি করালাম অচিন্ত্য স্যারকে। বললাম -" স্যার, আমরা এবার বেশী দুরে যেতে চাই না। যেতে চাই কাছে পিঠে কোথাও। স্যার আপনার দ্বায়িত্ব হল দুটো। জায়গাটা নির্বাচন ও সকলকেই রাজি করানোর।

উনি আমাদের ভূগোলের স্যার। সবে পাঁচ বছর উনার অধ্যাপনার মেয়াদ হয়। বয়স খুবই কম। কলেজের ছাত্র ছাত্রীদের সাথে গ্রহন যোগ্যতা খুব বেশী। তাই উনি রাজি হওয়াতে মোটামুটি নিশ্চিত ছিলাম ট্যুরটা হচ্ছেই।

সেদিন শনিবার। আমরা যারা হস্টেলে থেকে পড়াশোনা করতাম হঠাৎ স্যার আমাদের চারজনকে ডেকে পাঠালেন ও বললেন সোমবার একটা এক্সট্রা ক্লাস নেবো। সিলেবাসের অনেক বাকি আছে। শেষ করতে হবে।

নির্ধারিত সময়ের মধ্যেই শুরু হল পঠন পাঠন। জীবনেও দেখিনি এক্সট্রা ক্লাসে সব ছাত্র ছাত্রীদের উপস্থিতি। ফুল প্রেজেন্ট দেখে স্যার ও দেখলাম বেশ আনন্দিত।

যাইহোক স্যার ছোট নাগপুরের মালভুমি নিয়ে পড়াচ্ছিলেন। হঠাৎ করে তিনি শুশুনিয়া পাহাড় নিয়ে বলতে শুরু করেন কারন শুশুনিয়া পাহাড় নিয়ে মোটামুটি আমরা কমবেশী সবাই জানি। উনার তথ্যসমৃদ্ধ বক্তব্য আজো মনে আছে।

তিনি বলতে থাকেন-" এর উচ্চতা ৪৪৮ মিটার। বাঁকুড়া জেলার ছাতনাতে অবস্থিত। খুবই বিখ্যাত।"

এই বলে তিনি আমাদের দিকে একটা প্রশ্ন ছুঁড়ে দিলেন- " আচ্ছা কে বলতে পারে যে এই পাহাড়ের উৎপন্ন হওয়ার ফলে ঐ এলাকায় কী পরিবর্তন হয়েছে?"

অনেকেই অনেক কিছু বলল। উনার যেন কিছু অভাব মনে হচ্ছিল। তাই সকলে স্যারের কাছেই জানতে চাইলাম।

স্যার বলে চলেছেন-" তোমরা কি জানো এখানে জিরাফ, হায়েনা ও এশিয় সিংহের ফসিল পাওয়া গেছে? তার মানে কি দাঁড়ালো?"

"এখানে কোনো একটা এরা চড়ে বেড়াত। অর্থাৎ জিরাফ , হায়েনা ও সিংহের দেখা মিলত। কি করে জীবাশ্ম তৈরী হয়েছিল সে নিয়ে বিশেষ কিছু জানা যায় না। তাই তো স্যার!"- বলছিল সুমনা যে সবথেকে বেশী টুরে না যাওয়ার বাহানা করছিল।

"হ্যাঁ! ঠিকই বলেছো।" - বললেন স্যার।

ছোট নাগপুরের মালভুমি নিয়ে তোমরা তো অনেকটাই জানো।

পশ্চিমবঙ্গের মধ্যে অনেক বায়োস্ফিয়ার রিজার্ভ আছে তাদের মধ্যে শুশুনিয়া একটি গুরুত্বপূর্ণ স্থান অধিকার করে। এখানে অনেক গাছ পাওয়া যায় যেখানে থেকে ঔষধ তৈরী হয়।

হঠাৎ কুশল বলে উঠল-" স্যার! এখানে তো কয়েকটি প্রাকৃতিক জলের কুপ আছে।"

"ঠিকই বলেছো। আর্টেজিয় কূপ। ওখান থেকে নিরন্তরভাবে জল পড়ে চলেছে। জলের গুনমান অতি উৎকৃষ্ট মানের। সাথে আছে কিছু ধর্মীয় তীর্থস্থান। সব ক্ষেত্রেই কিছু কত অতিরিক্ত গুরুত্বপূর্ণ কিছু পাওনা। যেমন নির্মল পরিবেশ। কত শত গাছ গাছালি , পাখি সহ কতনা ধরনের পোকা মাকড়!"-

"এতো কিছু জানতাম নাতো স্যার।"- অবাক হয়ে বলে মহিতোষ। আমাদের ক্লাসের সব থেকে বুদ্ধিমান ছাত্র।

"আরেকটু মন দিয়ে শোন। আরো আছে। এখানে একটি চতুর্থ শতাব্দীতে তৈরী শিলালিপি আছে। ওটা দেখতে একটু পাহাড়ের উপর চড়তে হয়। কত হবে। আন্দাজ ২০০ থেকে ২৫০ মিটার। বেশ সংকীর্ণ রাস্তা। তবে ওঠা যায় সহজেই। তবে সব সময় সতর্কতা অবলম্বন করা উচিত।এটি রাজা চন্দ্রবর্মনের বলে মনে করা হয়। দুঃখের বিষয় ঐ শিলালিপি এথনো পর্যন্ত কেউ পাঠোদ্ধার করতেই পারে নি। বলে রাখা ভালো এটা সম্রাট সমুদ্রগুপ্তের সমসাময়িক। "- স্যার বলে চলেছেন আর সকলে মন্ত্রমুগ্ধের মতো শুনে চলেছে। পিন ড্রপ সাইলেন্স।

"তাহলে এবার টুর কি শুশুনিয়াতে ? " -সকলেই কি একমত?

এখানে রাত্রিরে থাকার জন্য কিন্তু পশ্চিমবঙ্গ সরকারের ইয়ুথ দপ্তরের ভালো কটেজ ও ডরমেটরি আছে।

35

পঁয়ত্রিশতম পর্ব
বিধাতার দেখা

অজিত ও কৃশানু দু'জনে সমবয়স্ক। অজিতের বাবা কৃশানুদের বাড়িতে কাজ করতো। অজিতের বাবা ছিলেন খুব কর্মঠ ও বিশ্বাসী। ঐ বিশ্বাস্ততার সুযোগ লাগাতেন কৃশানুর বাবা। তবে হ্যাঁ, প্রয়োজনে উপযুক্ত পারিশ্রমিক ও দিতেন। অর্থাৎ ওদের বাবাদের মধ্যে ছিল প্রভু ভৃত্য সম্পর্ক। এধরনের সম্পর্ক গুলো যেন এক জগদ্দলের পাথর। বংস পরম্পরায় চলে আসা এক নিরন্তর অভিশাপ স্বরূপ। না চাইলে ও যেন চলেছে গুটি গুটি পায়ে। ছাপের স্পষ্ট প্রকাশ দুজনের অন্তরে অন্তরে। পুড়িয়ে দেয় একজনের মর্যাদা অপরের কাছে। না দোষ করলেও একজন গোপনে গোপনে ভাবে সে দোষী। আরেকজন ভাবে সে অন্যের থেকে শ্রেষ্ট। সবই চলে মনে মনে। একজনকে কুঁড়ে কুঁড়ে খাচ্ছে ও অপরজন মজা পাচ্ছে।

হায়! বিধাতার এ কি খেলা।

দিন শেষে বিদ্ধস্ত হয়ে যখন বাড়ি ফেরেন বাবা, তখন তিনি তার স্ত্রীকে জিজ্ঞেস করেন -"অজিত সারাদিন কি করেছে?"

"ও আজ সারাদিন পড়াশোনা করেছে।" - বলেন অজিতের মা। অজিতকে তার মা শিখিয়েছে তাদের নিজেদের অর্থনৈতিক অবস্থা সম্বন্ধে। ছোট বেলায় সে কোনদিন দূর্গা পূজার সময় নতুন জামা-কাপড় পেত না। তখন থেকেই অজিত মনে মনে প্রতিজ্ঞা করে ছিল বাবার ঐ দারিদ্র্য থেকে মুক্তি পেতেই হবে। পরিস্থিতির কাছে কোনোভাবেই নতিস্বীকার করা চলবে না।

সে বুঝতে পারলো যে তাকে অনেক বেশি চুপচাপ খাটতে হবে ও আরো ভালো করে পড়তে হবে। যেই ভাবা সেই কাজ।

ওদিকে কৃশানু কোনদিনই অভাবের মধ্যে বেড়ে ওঠে নি। বাবার আদুরে সন্তান। যখন যা চাইতো তাই পেতো। পড়াশোনার দিকে তেমন তার খেয়াল ছিল না কারন সে জানতো তার কোনদিনই কোনো কিছুর অভাব হবে না।

তার নজরে অজিত গরিব বাবার সন্তান। অনেকটা তাই অবহেলিত। ওকে যেন ততটা গুরুত্ব না দিলেও চলবে। আমাদের সমাজে গরিবের সম্মান কোথায় যেন একটু কম। ওদের প্রায় সকলেরই কোনো প্রতিবাদের ভাষা নেই। ওরা কেমন যেন অচ্ছুৎ! কেমন যেন এক অবহেলিত!

তাই কৃশানু অজিতের সাথে কথা পর্যন্ত বলতে ইতঃস্তত করে।

অজিতের মন পরিষ্কার। ঐ ধরনের ফালতু অহংকার তার মনের মধ্যে জন্ম হওয়ার কোন অবকাশ ছিল না।

সব সময় সে নিজের জীবনের উন্নতি চাইতো। চাইতো ঐ নিদারুন দারিদ্রের বিমোচন। মন দিয়ে খাটতো সব সময়। নিজ লক্ষ্য ছিল অটুট, নির্ভেজাল। বিধাতার বিচার বিশ্লেষণ অতীব সূক্ষ্ম। তিলেক নড়চড়ের উপায় নেই।

অজিত কিছুতেই পরিস্থিতির কাছে নতিস্বীকার করবে না।

এমনিতেই তাঁর অটুট প্রতিজ্ঞা ও দিন দিন একের পর এক উদ্ভাবন তাকে করে তুলেছে উদার, ধনবান, দয়াবান ও কোমল হৃদয়ের। সকলের কাছে গ্রহণযোগ্য ও প্রিয় একজন।

আগে যে কৃশানু তার কাছে ইতঃস্তত করতো অবজ্ঞায় এখন ইতঃস্তত করে হতাশায়। এখন সে অর্থে, প্রতিষ্ঠায় কৃশানুর থেকে শতগুণ উৎকৃষ্টতর।

তাই সকল গরিবের সন্তান হোক অজিতের মতো কঠোর অধ্যাবসায়ী। সমাজ হোক আরো উন্নত।

ঈশ্বরের কাছে ধনী দরিদ্র সবাই সমান কিন্তু সমাজ ও সকল মানুষের কাছেও কি তাই?

উত্তরের আশায় থাকে অজিতের বাবা ও মা।

সমাজ কিন্তু এখনো একই চোখে দেখে কারন উন্নতি হয়েছে অজিতের চিন্তার। ঐ উন্নত চিন্তার সাথে এনেছে অর্থ।

ওর বাবা মা একই আছে। ওদের চিন্তাধারার কোনো উন্নয়ন হয়নি। সমাজের সর্বস্তরের মানুষের সমস্যাটি ঠিক এখানেই।

তাই তাদের কাছে এখনোও কৃশানু বাবার সাথে সম্পর্কটা ঐ একই রয়ে গেছে অর্থাৎ প্রভু ভৃত্য।

অবস্থা কিন্তু সে কথা বলে না। বর্তমানে তাদের অর্থনৈতিক অবস্থা ঠিক তার উল্টো।

ভগবান বা প্রকৃতি যাই বলেন না কেন, তার বিচার নিখুঁত।

সৎ ও নিষ্ঠাবান ব্যক্তির পরিশ্রমের ফল একদিন পাবেই পাবে।

36

ছত্রিশতম পর্ব তঞ্চকতা ও বাস্তবতা

"আরে নিজের নামটাই তো ভুল করছি বলতে। মাথাতে যে কি হয়েছে ঈশ্বরই জানেন। বয়স তো আর বেশ অনেক হয়েছে, আর সহ্য হচ্ছে না। ভাবতেও অবাক লাগে আমাদের অনেক ব্যাচমেটের বড়ো বড়ো ছেলে মেয়ে হয়ে গেল। ওদের সাথে আমাদের চিন্তাধারার কতো তফাৎ।"- হৈমন্তী এই সব কথাগুলো বলছিল অমিতকে। এই সেই অমিত যাকে সে সবসময় দাদা বলে সম্বোধন করতো ঠিকই তবে সে পাতানো দাদার থেকে অনেক বেশী ছিল।

এটা অমিত ও হৈমন্তী দুজনেই জানত কিন্তু কোনো দিন স্বীকার করে নি। মনে হয় তাদের সাথে যারা খুব গভীরে মিশতো তারা সকলেই জানেন এই ব্যাপারটা।

অমিত ছিল বিবাহিত ও স্ত্রীর প্রতি ভীষন নিষ্ঠাবান এবং কোথাও তার নিজের পরিবার নিয়ে উচ্চবাচ্য পছন্দ করত না ও কেউ এনিয়ে আলোচনা করুন এও পছন্দ করে না।

তাই দুজনে এতো সম্পর্কের গভীরতা থাকলেও ওরা নিজেদেরকে একটি গন্ডির মধ্যেই সীমাবদ্ধ রেখেছিল।

হৈমন্তীর সরলতা অমিতকে মুগ্ধ করত আবার অমিতের কোন কাজের প্রতি নাছোড়বান্দা মনোভাবে হৈমন্তী ছিল মন্ত্রমুগ্ধ।

দিন যায় মাস যায়। দুজনে দুজনকে যেন আরো ভালোভাবে জানার সুযোগ আসে।

হঠাৎ কোন একদিন চলে সে আসে সেখানে যেখানে অমিত তার পরিবার নিয়ে বিকেলে ঘুরতে যায়।

কোন এক কারনে হেমন্তী বুঝতে পারে তার এক বন্ধন সৃষ্টি হয়ে গেছে অমিতের প্রতি। যেটা তার মনে হয়েছে স্বাভাবিক কিন্তু সেটা ভদ্র সমাজের চোখে নিন্দনীয়। ওদের কাছে বাস্তবতা কিন্তু সমাজের চোখে তঞ্চকতা।

বয়স্কদের চোখে পাপ ও মডার্নদের চোখে ওটা এক স্বাভাবিক ব্যাপার।

যাইহোক এমন একটি সময় হেমন্তী তার হতে একটি বিয়ের কার্ড হতে অমিতের বাড়ি আসে তাকে নিয়ন্ত্রণের জন্য।

"বলে দাদা বিয়েতে অবশ্যই হবে।"

বিয়ের কথা শুনে অমিতের বুকটা ধড়াস করে ওঠে। অমিত নিজেও ব্যাপারটি এতটা গুরুত্বপূর্ণ ভাবে নি , কিন্তু মানুষের মন তো--

"অবশ্যই যবো।" বলে সে।

এরকম হেমন্তী কিন্তু আশা করে নি। যেন এক তার অপরিচিত অমিতদা।

দু'জনে বুঝতে পারে তারা ক্রমশ এক গভীর সম্পর্কে জড়িয়ে যাচ্ছে যেটা এক ঘোর অনির্দিষ্টকালের ও অনিশ্চয়তার।

তাই সরে আসা।

নিজের মনের বেড়ি পড়াতে তারা পারে যারা সংযমী । যারা স্রোতে গা ভাসিয়ে দিয়ে পরিস্থিতির উপর ছেড়ে দেয় তারা দেয় এক চরম মাশুল। উভয়ের পরিবার ও আত্মীয়দের কেউ প্রকৃতি ছাড়ে না।

মানুষের জীবনে এরকম সমস্যা আসে যদি ঠিকঠাক না হ্যান্ডেল না করা হয় তা সবকিছু পুড়িয়ে ছারখার করিয়ে দেয়।

কেবল বাহানা খোঁজে অপরের বিরুদ্ধে ব্যবস্থা নিতে।

প্রকৃতি যখন প্রতিশোধ নিতে শুরু করে তখন অনেক দেরি হয়ে যায়। পরে থাকে কিছু নিষ্পাপ ভাঙ্গা হৃদয় ও কিছু নিষ্পাপ শিশুর হারিয়ে ফেলা বাবা মা।

37

সাঁইত্রিশতম পর্ব
একাকিত্ব

"অনেক দিন ফোন করা হয় নি শ্রীতমাকে। আজ বেশ সময় আছে ওর সাথে প্রান খুলে কথা বলব।" সকাল থেকেই এইসব ভাবে অনুকূল। সেই সাত বছর আগে কলেজ ছেড়েছি। শুরুতে প্রায় সব শনিবার অনুকূল শ্রীতমাকে ফোন করতো ও খোঁজ খবর নিতো। অনুকূল পড়াশোনাতে বেশ ভালো ছিল। বন্ধুর সংখ্যা ছিল কম বা নেই বললেই চলে ও দিকে ওর ছিল ঠিক উল্টো।

এমনি করে দিন চলে হঠাৎ অনুকূলের মনে হল আরে বারবার আমিই বা কেন। শ্রীতমাও তো আমার খোঁজ খবর নিতে পারে? কি নেয় না তো। তারপর একদিন কাজের চাপ অনুকূলকে সব ভুলিয়ে দেয়। কাজ পাগল ছেলেটি নিজ দক্ষতায় একজন দক্ষ কর্মচারীতে রুপান্তরিত হয় একদিন। কারো পিছনে যে সময় নষ্ট করে কত বড় বোকামী করেছে ভেবে নিজের প্রতি ধিক্কার দিতে থাকে।

গঙ্গা দিয়ে অনেক জল গড়িয়ে গেছে। যে শ্রীতমা একদিন অনুকূলের ফোন না ধরার জন্য অনেক সময় বাহানা করতে থাকতো অনুকূল সব বুঝতে পারে কিন্তু কোনো দিন বিষয়টি নিয়ে আলোচনা করে না।

একদিন সে বুঝতে পারে তার নিজের কাছে নিজের কাজের গুরুত্বের কথা। কোথায় সে নিজের জীবনের কথা না ভেবে নিজের বাবা মায়ের কথা না ভেবে যার সাথে কোন সম্পর্ক নেই তার কথা ভাবতো। এখন সে বুঝতে পারছে বৃথা ছিল সে ভাবনা।

যে নিজের কর্মকে গুরুত্বপূর্ণ বিষয় বলে মনে করে তাকে অন্য কারোর কাছে নতিস্বীকার করতে হয় না।

জীবনের লক্ষ্য স্থির করে সেই দিকে এগিয়ে যেতে থাকে।

কিন্তু মন যে চাই সেই নির্মল আড্ডা। শুধু চা ও বিস্কুট।

আবারো হৃদয়ের কাছে মস্তিষ্ক হার মেনে যায়।

অগত্যা ফোনটি নিয়ে ডায়াল করে।

ফোনটি রিসিভ করে -" কাকে চাই।"

মনে ভাবে ও বাবা ফোনে নাম্বারটিও সেভ নেই। তাই আর কোন কথাই না।

ফোনটি কেটে দিয়ে যাস্ট ফোন থেকে নাম্বারটি ডিলিট।

38

আটত্রিশতম পর্ব
মরিচিকা

ফোনটি রাখলো তপন। ও যেখানে কাজ করে সেই ঝন্টুদা ফোন করেছিল। ফোনটা ধরার আগে পর্যন্ত তপন আমাদের সাথে বেশ ভালো করে আনন্দে কথা বলছিল। তপন খুব খোলা মেলামানুষ। ছোট থেকেই দেখে আসছি ও সোজা মানুষ। সোজাসাপ্টা ভাবে থাকতে ভালোবাসে। মনে যা আসে বলে দেয়। লুকিয়ে রাখতে পারে না বা চায় না।

ঐ মানুষ ফোনটি পাওয়ার পর কেমন যেন চুপসে গেল। ব্যাপারটি আমাদের কাছে ভালো ঠেকলো না। এমনিতেই লকডাউনের ফলে অনেকের কাছেই কোন কাজ নেই আবার অনেকের কাছে শুনেছি তাদের মাইনে অর্ধেক করে দেওয়া হয়েছে আবার অনেক ব্যক্তিকে ছাঁটাই করে দেওয়া হয়েছে। এসব পরিবারের সদস্যদের কি অবস্থা হয়েছে ভগবানই জানেন।

অনেকে কম দামে নিজের জমি বিক্রি করেছেন। অনেকে তার শেষ সম্বল সোনা চাঁদির অলঙ্কার ও বিক্রি করতে বাধ্য হয়েছেন। আরো অনেকে কত কি করতে বাধ্য হয়েছেন কে জানে_____

তপন ছোট বেলা থেকে কোন দিনই স্বার্থপর ছিল না। অপরের কাজে তাঁকে সবসময় ঝাঁপিয়ে পড়তে দেখেছি। অপরকে খুশি রাখতে নিজেকে বিলিয়ে দিতে দেখেছি। অপর ব্যক্তি তার ভালো মানুষীর সুযোগ নিয়ে তাকে যথেচ্ছভাবে খাঁটিয়ে ছেড়েছেন। বিনিময়ে ও কিছু পায় নি। পেয়েছে কেবল নিজের জীবনের প্রতি হতাশা ও পরিবারের প্রতি অবহেলা।

এমনি করে তার প্রায় পঁয়তাল্লিশ বছর বয়সতো হলো। এখন সে বুঝে গেছে কাউকে খুশি করতে পারা প্রায় অসম্ভব। আর এই অসম্ভবকে সম্ভব করতে চায় সে মূর্খ বা আহাম্মক ছাড়া কিছুই নয়। সে মনে মনে ভেবে নিয়েছে আজ থেকে সে নিজের জন্য বাঁচবে অবশ্য স্বার্থপর হয়ে নয়।

অনেকক্ষন ভাবার পর সে বলল আসা ছিল আমার মাইনেটা বাড়বে। আসা ছিল তাই দিনরাত এক করে খেটে গেছি, নিজের শরীরের দিকে পর্যন্ত তাকাইনি পর্যন্ত। বাবার কত শরীরের সমস্যা হল তাও আসি নি কাজ ছেড়ে। সকল দ্বায়িত্ব সামাল দিয়েছি নিজ হাতে।

যাইহোক ভালো ফলাফলের আসা তো সবাই করে। আমিও করি এতে তো কোনো অন্যায় দেখিনি।

উন্নতি হয়নি ঠিক আছে। সঠিক সময়ে নিশ্চয়ই ভালো ফলাফল পাবো আজ নয় অন্যকোনো দিন অন্য কোন খানে।

আমরা বললাম আগামীকাল রবিবার আছে ফিস্টটা হচ্ছে তো। বলে ভাবলাম ঠিক করলাম তো।

"আরে হয়েছে কি অবশ্যই হবে। আমি পাঁচ শো দিচ্ছিলাম এখন হাজার দেব, কারন এই ঘটনা থেকে আমি যে শিক্ষা পেলাম সেটা অনেক বেশি। অনেক দামি, অমুল্য।" সে বলল। " আজ থেকে কাউকেই সন্তুষ্ট করতে বাঁচবো না। বাঁচবো নিজের জন্য। ঐরকম বৃথা চেষ্টা করা বোকামি ছাড়া কন্য কিছু নয়।"

39

উনচল্লিশতম পর্ব সেটা নাই বা বললাম

"তোমার সাথে এই আমার শেষ দেখা। আর কক্ষনো আমার সাথে দেখা করা বা কন্টাক্ট করার চেষ্টা করবে না। তুমি আমার সাথে এরূপ ব্যবহার করবে এটা আমি ভাবতেই পারিনি নাহলে তোমাকে আমার কাছে ও ঘেঁষতে দিতাম না। তোমার এত স্পর্ধা।" - রেগে অগ্নিশর্মা হয়ে বলছিল অনুরাধা তার বাড়ির কাজের মাসিকে। বলবে না কেন। সে নাকি তার দুর সম্পর্কের এক আত্মীয়ের ছেলের সাথে ওর সম্বন্ধের কথা বলছে।

ছেলেটি নাকি সফটওয়্যার ইঞ্জিনিয়ার আই বি এম কোম্পানিতে নামি চাকরি করে। হলেই বা কি ওতো বাড়ির মাসির আত্মীয় যাকে আমরা মানুষের পর্যায়েও ফেলি না!

সম্পর্ক অন্তত আসতে হবে নামজাদা বংশ থেকে আর যাই হোক নিজে ও ওর আত্মীয় স্বজন রসিয়ে রসিয়ে ওদের নামের বড়াই করতে পারে। ছেলে যাই হোক বংশপরিচয় ভালো হতে হবে।

কাজের মাসিকে অনুরাধা যাই বলুক , মাসি অনুরাধাকে নিজের মেয়ের আদর দিয়ে বড়ো করেছেন। তাই সে তার ভালো মন্দ সবসময় ভাবতো। কোলে পিঠে মানুষ করা মেয়ে যে তাকে এমন কথা বলে দেবে সে স্বপ্লেও ভাবে নি।

তাই আর কোনো কথা নয়। সেদিনের মতো কাজ সেরে সে প্রতিজ্ঞা নেয় এই বাড়িতে আর না। সুধীনের কাছে চলে যাবো। বেচারা সুধীন, মা

মারা যাওয়ার পর থেকে নিজ হাতে রান্না করে মানুষ হয়েছে। নিজ প্রতিভায় আজ সে সুপ্রতিষ্ঠিত। আই বি এম কোম্পানির সফটওয়্যার ইঞ্জিনিয়ার এবং কোম্পানির যথেষ্ট সুনজরে আছে। পর পর দুই বার প্রমোশন হয়েছে।

যাই বলা তাই কাজ।

সুধীন তো মাসিকে পেয়ে আকাশের চাঁদ হাতে পেল। একটা সঙ্গী। কাজের মাসি নয় , নিজ মায়ের বোন। রক্তের সম্পর্ক। গর্বের সম্পর্ক। আদরের সম্পর্ক। যেহেতু মাসির স্বামী ও পুত্র কন্যা নেই তাই পিছুটান ও নেই।

দিনদিন উন্নতি করতে থাকে সুধীন। একদিন বিদেশ যাওয়ার সুযোগ আসে। চামচাগিরি করে নয় রিতিমত নিজের যোগ্যতায় উচ্চপদে আসীন হয়ে।

বিয়ে হয় তথা সময়ে উপযুক্ত রুচিশীলা , নম্র, ভদ্র উচ্চশিক্ষায় শিক্ষিত এক কন্যার সাথে। ওদের এক ক্ষুরধার বুদ্ধি সম্পন্ন মেয়েও হয়। মেয়ে এক ভালো বেসরকারি স্কুলে পরে। এমনি করে মাসি একদিন পূর্বের সব কথাগুলো ভুলে যায় এদের ভালোবাসায়। মনে মনে ভাবে ঐ সকল অল্প জ্ঞানী মানুষদের কি অহংকার! তাঁরা নিজেদের কিনা ভাবতে পারে!

এখন এসব যখন মনে আসে তখন রাগ নয় বরং করুনা হয়।

দিন যায়, হঠাৎ একদিন সুধীন বলে, -" মাসি! তুমি যেন কার সাথে আমার সম্বন্ধ জানাতে গিয়েছিলে?"

মাসি বলল-" ওর নাম ছিল অনুরাধা। কেন এখন এসব বলছিস?"

"ফ্রেন্ড রিকোয়েস্ট পাঠিয়েছে!"

"এক্ষনি একসেপ্ট কর ওকে।"

দেখ এক্ষনো আমাদের ভোলে নি। মনে রেখেছে।

সুধীনের ধর্মপত্নী ঘটনাটি আগে থেকেই জানতেন। তাই তিনি মুচকি হেসে বললেন অবশ্যই।

40

চল্লিশতম পর্ব
এলিয়েনরা
(কল্পবিজ্ঞান)

কৃশানু তীব্র মাথার যন্ত্রনায় কাতরাচ্ছে। শুধু বলছে আমি নিজের মতো করে ভাবতেও পারছি না। ওরা আসতে চায় পৃথিবীতে। এখানকার মানুষের সাথে সম্পর্ক স্থাপন করতে চায়, কিন্তু সমস্যা হল ওদেরকে মানব চক্ষু দেখতে পায় না ফলে তাদের অস্তিত্ব মানবসমাজ বুঝতেই পারছেন না।

এই পৃথিবীর মধ্যে আরেকটি সমাজ সমভাবে বিদ্যমান যেটার অস্তিত্ব আছে কিন্তু মানুষের সম্পুর্নভাবে অগোচরে।

চলছিল ভালোই। সমস্যাটি হল তখনই যখন এলিয়েনরা মানুষের সাথে সম্পর্ক স্থাপন করতে চায়। তাই তারা ভাবে কেন না মানুষের মস্তিষ্কের উপর যদি প্রভাব বিস্তার করি তাহলেই ওদের সাথে সম্পর্ক স্থাপন করা যাবে।

তাই তাদের চয়েস এই কৃশানু। ছেলেটি বেশি পড়াশোনা জানে না কিন্তু আকাশ পাতাল ভাবতে ভালোবাসে।

তাই একদিন সে তার বাড়ির সামনের অংশটা যখন তৈরী হচ্ছে সে উপর থেকে দেখছিলো আর ভাবছিল বেশ উঁচু হচ্ছে। মোটামুটিভাবে পাঁচটি ধাপ করতে হবে তবেই দুয়ারে ওঠা যাবে। যাই নিচে গিয়ে দেখি।

নিচে এসে দেখতে গিয়ে পিছলে পরে চৌবাচ্চায়। চৌবাচ্চার গভীরতা প্রায় সাত ফুট। আমরা সবাই দেখছি সে চৌবাচ্চার হাবুডুবু খাচ্ছে।

সমস্যাটির শুরু এই এখান থেকেই। আমরা ধরে ধরে তাকে চৌবাচ্চা থেকে তুললাম। দেখলাম সম্পূর্ন জ্ঞান আছে কিন্তু অন্য একধরনের আচরন করছে।

বাড়ির সকলের চিন্তা । বড়ো বড়ো দুজন স্পেশালিস্ট ডাক্তারকে দেখানোও হল। দু'জনেই বললেন সবই নরমাল, তাঁরা এর বেশি কিছু বলতে পারলেন না। সবাই চিন্তিত কি হয় কি হয় ভাব। এমনি করে প্রায় পাঁচ ঘন্টা অতিক্রান্ত। আমরা সকলে তাঁকে হাসপাতালে ভর্তি করব স্থির করে এম্বুল্যান্স ডেকেছি তখন সে প্রকৃতস্থ হল। বলল এতো কিসের আয়োজন।

উনার স্ত্রী রেগে উঠে বলল-" তোমার ঐসব আদিখ্যেতা বন্ধ করো। অনেক হয়েছে।"

যাইহোক আমরা সকলে তাঁকে ঘিরে বসে আছি। কয়েকটি কথা তার মুখ থেকে শুনলাম যা পিলে চমকে যাওয়ার সামিল।

হঠাৎ ও বলে উঠল-" তোরা ইউকর্ন দেখেছিস? বাড়ির সামনেই শত শত ঘুরে বেড়াচ্ছে। ওখানে দেখা হয় ভাইয়ের সাথে। যখন এলিয়েনরা তোর মস্তিষ্ককে যখন কন্ট্রোল করে তখন কি করে বুঝবি বল? তুই সবথেকে প্রিয় মানুষটিকেই কেবল দেখতে পাবি ঐ অবস্থায় তবে পরিবর্তিত লিঙ্গ হিসাবে। এই প্রথমে যখন ওকে দেখলাম বুঝতেই পারিনি পরে ভালো করে দেখলাম তখন মাথায় এলো সবকিছু। দেখলাম উলি ম্যামথ সহ অনেক কিছু। গরু গুলো সারি সারি দাঁড়িয়ে আমাকে অবাক হয়ে দেখছে। আর আমার বড্ড ভয় করছিলো। যদি ওরা গুঁতিয়ে দেয়? এছাড়া আরো কত ধরনের জীব জন্তুর দেখা পেলাম সেগুলোকে চিনি না এবং কক্ষনোই দেখি নি। তবে হ্যাঁ! চেহারা গুলি সব মনে আছে সব তোদের এঁকে দেখাবো।'

এলিয়েনরা তাদের কাজ হয়ে গেলে আমার মস্তিষ্ক থেকে নিয়ন্ত্রণ যখন তুলে নিল তখন আবার সব কিছু বুঝতে পারলাম!"

ওর স্ত্রী বলল এসব আলতু ফালতু কথা ঐ সকল বাচ্চা ছেলেপিলে গুলোকে বলবে না।

ওরা আজেবাজে ভাববে।

আমি অবাক হলাম ঐ সব ধারণা যা কোনদিন ঐ ভদ্রলোক দেখেন নি ও পরেন নি সেরকম বর্ননা কেমন করে দিয়েছেন।

এই পৃথিবীতে কোনকিছু কিন্তু অবাস্তব নয়। সমস্যাটি কিন্তু সেখানেই। তারাও কি এখানে ছাপ ফেলতে চাইছে ?!

41

একচল্লিশতম পর্ব
হন্যতে নৈব চ
(কল্পবিজ্ঞান)

লোকনাথ তখন অষ্টম শ্রেণীর ছাত্র। ওরা ছিল দুই ভাই ও এক বোন। বোন রিয়া ছিল সকলের ছোট। লোকনাথের দাদা কাশিনাথ। সকলের বড়।

ভাইবোনের মধ্যে ছিল অনেক মিল। একসাথেই বড় হয়ে উঠছিল তিনজনে।

ওদের বাবা বিদেশে থাকে। মায়ের সাথেই তিন ছেলে মেয়ে বড় হচ্ছিল। লোকনাথ একদিন বোনের সাথে স্কুল থেকে বাড়ি ফিরছিল। হঠাৎ বৃষ্টি হতে শুরু করে। সেই বৃষ্টির জলে ভিজে বোনের শরীরটা খারাপ হয়ে যায়।

প্রায় তিন মাস আগের ঘটনা। আজো বোনটা তার ভুগছে। বাবাও আজ ফিরে আসছে বিদেশ থেকে।

এর আগে এরকম হয়েছিল তার দাদুর মৃত্যুর আগে।

বেশী বাড়াবাড়ি হয়েছে তাই।

সে শুনেছে পূর্ব জন্ম ও পরজন্মের কথা। ঐ গুলো তার বিশ্বাস হয় না। গাঁজাখুরি লাগে। তবে যে সমস্ত ক্ষেত্রে প্রয়োজনীয় তথ্য প্রমাণ আছে সে গুলো তো বিশ্বাস করতেই হবে।

ভাবনার উদয় হয় একটি বিষয় থেকে যেটা সম্পূর্ণ প্রাকৃতিক ও সর্বদাই বিরাজমান। সতত সত্য। চিরসত্য। সত্যম শিবম সুন্দরম।

আমরা জানি শূন্য মাধ্যমে আলোর গতি সেকেন্ডে ২৯৯৭৯২৫৮ মিটার। আমরা দূরে , মহাকাশে যে সমস্ত নক্ষত্র আছে তার পরিমাপ করা হয় আলোকবর্ষ নামক এককের মাধ্যমে। দুই আলোকবর্ষ দূরে থাকা নক্ষত্র আজ যে আলো ছাড়ছে সেটা দু'বছর পর আমাদের এই পৃথিবীতে পৌঁছাবে।

ব্যাপারটা লোকনাথের কাছে বেশ মজার মনে হয়।

সে মনে মনে ভাবে ব্যাপারটি যদি উল্টো হতো অর্থাৎ পৃথিবীর থেকে যে রশ্মি নির্গত হচ্ছে আজ সেটাকে যদি কেউ দু আলোকবর্ষ দূরে থাকে তো সে দু'বছর পর দেখতে পাবে।

ঠিক যেমন বহু নক্ষত্র যেগুলি বহু আলোকবর্ষ দূরে এবং বহু পূর্বেই ধ্বংস হয়ে গেছে তবুও সে যে আলো পৃথিবীর দিকে ছেড়েছিল তার রেশ এখনোও রয়ে গেছে তেমনি কোনোদিন এমন কোন যন্ত্র আবিষ্কার হতে পারে তার ফলে আমরা পৃথিবীর পূর্বের সকল ঘটা ঘটনা পুননির্মাণ করতে পারব। একদমই অসম্ভব নয়।

এইসব ধারনা তার মনে আসে। সে ভাবে বিজ্ঞানীরা অবশ্যই তার আবিষ্কার করবেন ও পৃথিবীর পূর্বের সমস্ত ঘটে যাওয়া ঘটনার পুনরাবৃতি ঘটবে।

হ্যাঁ, এটা সম্ভব। শুধু সময়ের অপেক্ষা।

তাই সেদিক দিয়ে ভাবলে প্রতিটা মানুষই অমর। তাদের কর্মকাণ্ড একটা স্থান, কাল ও পাত্রের মধ্যেই সীমাবদ্ধ হয়ে থাকছে।

কোনদিনই তা কেউ ধ্বংস করতে পারবেনা।

ঐ স্থানে ঐ সময়ে যদি কেউ তৃতীয় ব্যক্তি যেতে পারে তাহলেই সেটা সম্ভব।

সেদিক দিয়ে দেখতে গেলে মানুষ অবিনশ্বর। যেটা আনন্দের।

তাই লোকনাথ ভাবে দুঃখের কোন কারন নেই।

এদিকে বাবা এসে তার মেয়ের আরো উন্নত চিকিৎসার মাধ্যমে তাকে সুস্থতার পথে নিয়ে এসেছেন।

লোকনাথের এই কল্পনার কি বাস্তবায়ন হবে।

সময় তার উত্তর দেবে।

42

বিয়াল্লিশতম পর্ব
অদেখাই তাহলে থাক

"চল অনেক হয়েছে , আর না। জানোয়ার গুলোকে অতো বেশি গুরুত্ব দেওয়ার কোনো প্রয়োজনই নেই। একটা চাল টিপলেই বোঝা যায় সেদ্ধ হয়েছে কিনা।" সওকতকে বলল রিপন। রিপন সাধারণত এতটা ক্ষিপ্ত হয় না। ওকে শান্ত ছেলে হিসাবে চিনতাম। রাস্তায় প্রচুর জ্যাম। টোটো বা রিক্সা নিলে বেশি দেরি হবে বলে আমরা তিনজন হাঁটতে শুরু করলাম। হাঁটা নয় বরং রুদ্ধশ্বাসে দৌড়। রাস্তায় সারিবদ্ধভাবে দাঁড়িয়ে আছে যানবাহন। কেউ স্টার্ট বন্ধ করে রেখেছে কেউ আবার চালু করে রেখেছে। টোটো, ভ্যান, মটরসাইকেল, সাইকেলসহ, বিভিন্ন গাড়ির চালকেরা সকলেই চায় সকলের থেকে আগে যেতে। বিচ্ছিরি অবস্থা।

এরকম অবস্থায় আমরা তিনজন যে যেখান দিয়ে পাই গলে যাচ্ছি। ট্রেনটা ধরতেই হবে। তাই আর কোন কথা না।

অবশেষে যখন স্টেশনে যখন পৌঁছলাম তখন দেখি ট্রেন দাঁড়িয়ে স্টেশনের ২ নং প্লাটফর্মে। এদিকে লম্বা টিকিটের লাইন। টিকিট কাটতে গেলে ট্রেনটা আর পাওয়া যাবে না কোনমতেই। তাই অগত্যা বিনা টিকিটেই ------

তাও খুবই কষ্টে ট্রেনে উঠলাম। সারাদিন কিছু খাওয়া হয় নি। সওকত ভাইয়ের অনেকটা বয়স হয়েছে। ও খুব ভালো মানুষ বলে এলাকাবাসী জানেন। ঠান্ডা মেজাজের ও মৃদুভাষী। দুটো স্টেশন পর সিট পেলাম। রিপন ও আমি একদিকে সিটে। সওকত ভাই অন্যদিকে।

কেউ জানে না। রিপন ও সওকত দুই ভাই। দু'জনের মনের মধ্যে কি মিল! রিপন ওর থেকে বয়সে পাঁচ বছরের ছোট। দুজন দুজনকে ছাড়া কক্ষনোই থাকে নি। সবাই ছিল পরম সুখে শান্তিতেই।

সমস্যা শুরু হল রিপনের সাদির পর থেকেই। রিপন পছন্দ করে বিয়ে করে অনেকটা বাড়ির অমতেই। পরে অবশ্য সব মিটমাট হয়ে গেছিল। তাও কোথায় যেন এক বেসুরো তান ছিলো।

আমিনাকে রিপন কথা দিয়ে এসেছিল আজ সে ঠিক সময়ে বাড়ি ফিরবেই কিন্তু আজো মনে হয় হবে না।

আকাশ পাতাল ভাবতে ভাবতে হঠাৎ ট্রেনের মধ্যেই বাচ্চা ছেলের মতো কেঁদে বড়ো ভাইয়ের কাছে দুঃখ প্রকাশ করতে লাগলো।

আমিনার বাবার বাড়ি আমার বাড়ির কাছেই। এই দুই ভাই নিয়ে কতো যে আজগুবি গল্প শুনেছি তা আজ নিজ চোখে না দেখলে বিশ্বাস হতো না।

আমিনা বাবার একটামাত্র সন্তান।তার বাবা মা সব সময় চাইতো স্বপরিবারে আমিনা তাদের কাছেই থাকুক। এটাই ছিল মুল সমস্যা।

সাদাসিধে রিপন বেচারা তা বুঝতে না পেরে শ্বশুরের পরামর্শে বড়ো ভাইয়ের বিরুদ্ধে মামলা করে ওকে জব্দ করার জন্য।

দুজন দুজনকে জব্দ করতে গিয়ে পরিস্থিতি নিয়ন্ত্রণের বাইরে চলে গেছে।আর চলছে না পরিবার। ভাবতে ভাবতে কখন যেন রিপন ঘুমিয়ে পড়েছে।লজ্জায় সে বড়ো ভাইয়ের দিকে তাকাতেই পারে না। জানে সে ভাইয়ের প্রতি চরম অন্যায় করে ফেলেছে তার বিরুদ্ধে মামলা করে।

হঠাৎ ট্রেন গন্তব্যস্থানে। সওকত রিপনকে ঝাঁকিয়ে তোলে। বলে-"ওঠ। চলে এসেছি।"

আর থাকতে না পেরে রিপন চিৎকার করে কেঁদে উঠলো-"বলল! ভাইয়া ক্ষমা কর আমায়। আমি কত বড় ভুল করেছি তোর বিরুদ্ধে কোর্টে গিয়ে। তোর পায়ে পরি।' আর মনে মনে ভাবে আমিনা ভালো মেয়ে। ওকে বোঝাবো সমস্তটা।

ওদের সাথে গিয়ে আমি অবাক। ওরা কি সত্যই একে অপরের বিরুদ্ধে নাকি অন্য কিছু।

43

তেতাল্লিশতম পর্ব
উন্মেষ

"আমি যতদিন বেঁচে থাকব তোর এই উপকার কোনদিনই ভুলবো না। জীবনে তোর কোনদিনই সাথ ছাড়বো না। তাতে বাবা মা'র বিরুদ্ধে যেতে হয় তাও---" সুমিতা এই কথাগুলো বলছিল রথিনকে। দু'জনের চার বছরের বন্ধুত্ব। পায়ে হেঁটে রথিন এসেছিল ওকে বইগুলো দিতে পড়ার জন্য। বাইরে অঝোরে বৃষ্টি হচ্ছে তার উপেক্ষা করে। রথিনকে আমরা কতো করে বোঝালাম যে জলে ভিজলে শরীর খারাপ হতে পারে।

কে শোনে? সব কিছু উপেক্ষা করে চলল।

মুখে শুধু বলল-" তিন দিন পর ওর পরীক্ষা!"

কথা শুনে আমরা শুধু মুখ টিপে হেঁসেছিলাম।

তখন সবে আমাদের বয়স বাইশ তেইশ বছর। উদ্যমী।

এত সত্ত্বেও কলেজে বন্ধুদের একটা গ্রুপ হয়েই যায়, সমমনোভাবাপন্ন ব্যক্তিদের নিয়ে। আমাদের ক্ষেত্রেও তার ব্যতিক্রম হয় নি। সকলেই অধ্যবসায়ী ও বাস্তববাদী। সকলের একই ইচ্ছা ছিল সুপ্রতিষ্ঠিত হওয়া। মাঝেমধ্যে মজা করে বলতাম-" আজ থেকে কুড়ি বছর পরে আমরা যেখানে থাকব, দেখবি এই কথাগুলো সকলের মনে পড়বে।"

"কয়েকদিন ধরেই দেখছি রথিন কেমন একটুখানি মনমরা ভাব। অথচ ওর মতো অধ্যবসায়ী ছাত্র ক্যাম্পাসে খুব কম ছিল। সব সময়ই কেমন যেন ছিল অস্বাভাবিক ভাব। দেখছিস সুনীল"- পাশ থেকে কে যেন বলে উঠল।

আমরা নিজ নিজ কাজে ব্যস্ত ছিলাম। অতোটা খেয়াল করি নি।

পরে দেখলাম সত্যিই তো!

কয়েকদিন পড়ে লক্ষ্য করলাম রথিনের খাওয়া দাওয়া অনেকটা কমে গেছে।

জিজ্ঞাসা করলে বলে শরীর খারাপ।

একদিন জোর করে হাসপাতালে নিয়ে গেলে ধরা পরে ওর সমস্যা ঘুমের অভাব হচ্ছে।

পড়াশোনায় তুখোড় একজন ছাত্রের এরূপ সমস্যা!

কলেজে অল্পেই চাউর হয়ে গেল খবরটি। আমার বেশ খারাপই লাগলো কারন সমব্যাথী হওয়া তো দূরের কথা অনেকেই ব্যাপারটি নিয়ে শুরু করে মুখোরোচক গল্প।

এমনি করেই চলছিল। ওর বাড়ির অবস্থা একদমই ভালো ছিল না। বাবা-মা কে দেখে ওর মনের এতো সরলতার কারন বুঝলাম আমরা।

কোন মতেই সে ক্যাম্পাস ত্যাগ করলো না।

প্রায় দুমাস পরে সুমিতা'র ব্লাড ক্যান্সার ধরা পরে ও মৃত্যু হয়। ওরা দুজন দুজনে ছিল খুবই ভালো বন্ধু। দু'জনেই এসেছিল একটু অন্যরকম পরিবার থেকে। পড়াশোনা ছাড়াও অন্যান্য সকল বিষয়ে ওদের লক্ষ্য ছিল। মনের শান্তি ছিল ওদের প্রথম লক্ষ্য। সম্পর্কের উষ্ণতা উপভোগ করতো পুরোদমেই এবং বয়সের তুলনায় ছিল অনেক ম্যাচিওর।

আমাদের মতো ক্যারিয়ার সচেতন মানুষগুলো তখন তার বুঝতেই পারি নি।

এখনও যদি কোনো দিন ঐ বন্ধুর সাথে দেখা হয় প্রথম প্রশ্নটা করতে ইচ্ছা হয়-" কেমন আছিস?"

কিন্তু বলতে পারি না কারন -----.

মাটির কাছের মানুষেরা মনে হয় এরকমই হয়। একটু ব্যতিক্রমী, একটু ইমোশনাল, স্মার্টদের চোখে একটু বোকাসোকা।

আবার এদের চোখে স্মার্টেরা আদেও কি সম্পর্কের মূল্য বুঝতে পারে?

আর না বুঝলেই বা কার কি আসে যায়।

44

চুয়াল্লিশতম পর্ব দিনের
ক্ষণিক অতিথি

শোঁ শোঁ করে এম্বুল্যান্সটা এসে দাঁড়িয়েছে সবে মাত্র। লোকটা পরে আছে রাস্তায়। রাস্তায় যানজট সৃষ্টি হয়ে গেছে। লোকটিকে দেখতে। মটর সাইকেলের সামনের চাকাটি এখনও নালার মধ্যে পরে আছে ভয়ে কেউ তোলে নি। বয়স সাতাশ- আঠাশ হবে। মাথায় হেলমেট নেই। ডান কানে একটি দুল জাতীয় পড়া স্টাইলিস্ট সেই ব্যক্তিটি আজ রাস্তায় শায়িত। জনগন তার চারিপাশ পরিব্যাপ্ত।

সামনে ট্রাকটি দাঁড়িয়ে আছে। ট্রাকের চালক ভিড়ের মধ্যে মিশে গেছে কতকটা ভয়ে কতকটা উৎকন্ঠায় কি জানি ব্যক্তিটি কি অবস্থায়?

মানুষের এই তাড়াহুড়ো কিসের? কেও কি বলতে পারেন। হেলমেট নেই কেন?

রাস্তায় যখন একটু যানজট দেখি তখন দেখি একশ্রেনীর মানুষ ট্রাফিক আইনের কোন তোয়াক্কা না করেও বেআইনি ভাবে ওভারটেক করেন। এক শ্রেনীর টোটো চালক, বাইক আরোহী এটা করেন জানি না কেন? তাদের জন্যে তো জট আরোও বেড়ে যায়। ভোগান্তির আর শেষ থাকে না!

জানি না তাদের কিসের এতো তাড়া? এতে তারা নিজেদের জীবন তো ঝুঁকিপূর্ন করেনই সাথে অন্যান্য পথচারীদের ও দুর্ঘটনার ঝুঁকি বাড়িয়ে দেন।

হেলমেট পড়া খুব গুরুত্বপূর্ন। আমরা সবাই এটা জানি। পড়ার সময় কিন্তু সেটা ভুলে যায়। তাহলে সমস্যাটা কোথায়?

সমস্যা হলো আমাদের চিন্তার। সমস্যাটি আমাদের মননের। ভাবি না আমাদের পরিবারের কথা , আমাদের সুরক্ষার কথা।

একটা সুন্দর সুরক্ষিত জাতি তৈরি করতে গেলে সবথেকে দরকার আমাদের পরবর্তী প্রজন্মকে কঠোর নিয়মাবর্তিতা শিক্ষা প্রদান। তাদের বিবেকের জাগরনের উপযুক্ত প্রশিক্ষণ।

প্রত্যেকের দায়িত্ব ও কর্তব্য পালন ছাড়া যা প্রায় অসম্ভব।

এই সকল শিক্ষার অভাবে কত শত প্রান অকালে ঝরে যায়। কত শত বাবা মা অকালে তার ছেলেদের হারায়। কত ছেলে মেয়ে উভয়েই হারায় তাদের বাবাকে। কত স্ত্রী হারায় তার স্বামীকে।

দেশের দুর্ঘটনার পরিসংখ্যান কিন্তু খুব থারাপ । ভাবায় আমাদেরকে। ভাবা উচিৎ সকলকেই।

আচ্ছা আমরা কি নিজের ভালো বা পরিবারের ভালোবাসার মানুষদের কথা ভেবে একটু নিজের সুরক্ষা নিতে পারিনা?

তাহলে রাস্তায় দ্রুতগামী সুরক্ষা ছাড়া যানবাহনের সংখ্যা অনেক কমবে। আমরাই আরো সুরক্ষিত করবো নিজেদেরকে আর আমাদের ভবিষ্যতকে।এজন্য আমাদের চিন্তনের ও পরিকল্পনার প্রয়োজন।

রাস্তায় এরকম দুর্ঘটনা দেখতেও কিন্তু খুব কষ্ট লাগে ঠিক ততটা মজা পাই এক কানে দুল পরিহিত ছেলে দেখলে।

যাইহোক, ঐ ব্যক্তির নাম জানতে পারলাম নিলাভ। বেসরকারি এক ফার্মে কাজ সেরে বাড়ি ফিরছিল হঠাৎ ওভারটেক। ট্রাক ড্রাইভার ও নিয়ন্ত্রণ হারিয়ে ফেলে পাশের বাড়ির দেয়ালে ধাক্কা মারে।ঘটনা চলে যায় নিয়ন্ত্রনের বাইরে।

পরে ভেবেছি খবর নিতে কিন্তু মনে হয় না তাতে কিছু সুখবর পাবো। তাই সে চেষ্টা আর করিনি।

45

পঁয়তাল্লিশতম পর্ব
আর্যভট্ট ও তার শূন্যতত্ত্ব

জীবনে শূন্যের কোন দাম নেই। আবার শূন্য জীবনে মনটা খুবই ফাঁকা ফাঁকা লাগে। আবার মহাকাশ বা জাগতিক দিক দিয়ে ভাবতে গেলে এই মহাবিশ্বের প্রায় বেশিরভাগ অংশই হচ্ছে শূন্য। মানুষসহ মনুষ্যেতর জীবন যেখানে শূন্যতা দুর্বিসহ। শূন্যতা সেখানে হতাশা স্বরূপ। এই শূন্যতা কিছু মানুষের আশির্বাদ আবার কিছু মানুষের কাছে অভিশাপ। তাই শূন্য বা শূন্যতা কখনোই অপ্রাসঙ্গিক নয়। বর্তমানে সব কিছুই চলছে ঐ একই ভাবে একই রকমে। সারা পৃথিবীতে কোনো কিছুই যখন অপ্রাসঙ্গিক তখন প্রাসঙ্গিক হয়ে ওঠে এই শূন্য।

তার চুয়াত্তর বছরের জীবনে আর্যভট্টের শ্রেষ্ঠতম আবিষ্কার হল শূন্য। এর জন্য তিনি চিরস্মরণীয়। এর ফলে বর্তমানে যে যোগ বিয়োগ সহ অন্যান্য গানিতিক কর্মবলী সহজেই করা যায়। বর্তমানে ভাবলে অবাক লাগে এই ভারতীয়ের আবিষ্কার সারা পৃথিবীতে এক যুগান্তকারী পরিবর্তন এনেছিল।

দশমিক সহ পাটিগণিতে এই ধরনের পরিবর্তনের সব থেকে বেশী উপকার পেয়েছিল ইউরোপীয় মহাদেশ ও আমেরিকা মহাদেশের মানুষেরা।

কারন তখন এই সকল জায়গায় চলছিল রোমান প্রথায় গননা পদ্ধতি।

ভাবতেও অবাক লাগে এই শূন্য সহ এক থেকে নয় সংখ্যার আবিষ্কার হয়েছিল পঞ্চম শতাব্দীতে। বর্তমানে সভ্য দেশগুলোর সেটা বুঝতেই চলে গেছিল প্রায় পাঁচশত বছর।

ওদের আর আমাদের একটাই পার্থক্য ওরা এটা নিয়ে থেমে থাকেনি আরো এগিয়ে গেছে সভ্যতার গতিতে মানব সভ্যতার উন্নতির নেশায়।

আর এখানেই হয়েছে পার্থক্য ওদের আর আমাদের মধ্যে।

রোমান পদ্ধতি এখন জামা প্যান্ট সহ অন্যান্য পরিমাপের মানক হিসাবে ব্যবহৃত হয়। এছাড়া অনেক সময় ঘড়ির ডিসপ্লেতে ব্যবহার হয় এই মাত্র।

তাই এই শূন্যের আবিষ্কার সারা বিশ্বের গানিতিক শূন্যতা পূরণ করে।

এই আর্যভট্ট বিশ্বের এক অনন্য মহীরুহ। আমাদের এক গর্বের মহামানবদের মধ্যে একজন।

আজ ক্যলকুলেটর, কম্পিউটারসহ সকল ইলেকট্রনিক্স যন্ত্রপাতিতে এই সকল জিনিস ব্যবহার করা হয়। এর সাথে দশমিক পদ্ধতি ব্যবহার মানুষের সভ্যতাকে যে কত উন্নতিতে নিয়ে যাবে সময় তার স্বাক্ষী থাকবে।

46

ছেচল্লিশতম পর্ব
বিস্ময়কর পাই (π)

ছেচল্লিশতম পর্ব

বিস্ময়কর পাই (π)

কিংশুক বলছে "দাদু!এমন একটি জিনিষ আমায় বলো যেটার সমাধান হয়ে গেছে বলে মনে হয়, তবুও আজো যথেষ্ট গুরুত্বপূর্ণ আবার ভবিষ্যতে আরো গুরুত্বপূর্ণ হবে?"

দাদু বলতে শুরু করে আর আমরা মন্ত্র মুগ্ধের মতো হাঁ করে শুনছি।

অনেকের মতে ভারত রত্নগর্ভা। যুগে যুগে ভারতীয়দের অবদান রয়ে গেছে মানব জাতির সেবায় ও তার উন্নয়নে। সমস্যাটি জাগতিক। সমস্যা সমাধানের প্রচেষ্টা চলছে যুগে যুগে। মহামানবদের চিন্তা ও ভাবনায় নব নব চেতনার উন্মেষ ঘটেছে। গনিতের নব নব দিক উন্মোচিত হয়েছে ঐ সকল মহামানবদের প্রচেষ্টায়।

যখন ছোটবেলায় চেষ্টা করেছি এবং এখনও প্রচেষ্টা চালিয়ে যাচ্ছি আমার নিজেরো বিস্ময়ের শেষ হচ্ছে না বরং তার দিন দিন তার বেড়ে যাচ্ছে। মানুষের আইডিয়ার উপর ভর করে নতুন কিছু সৃষ্টিও হয়েছে।

এতক্ষন যেটা নিয়ে বলতে চেয়েছি তা হল "পাই" বা (π)। সাধারণত এটি একটি অনুপাত যা ২২/৭ হিসাবে। যার সাধারণ মান ৩.১৪-----।

ভাবতেও অবাক লাগে প্রাচীন ভারতীয় গণিতবিদ সহ অন্যান্য দেশ যেমন চীন , আরবীয়, ইরানী ও ইউরোপীয় গণিতবিদ এই পাই নিয়ে দিন

দিন চর্চা চালিয়ে গেছেন। এর ফলে আরো দিগন্তের উন্মোচন হয়েছে।

আর্কিমিডিস, ভারতের শ্রীনিবাস রামানুজন ও বিশ্ব বিখ্যাত বিজ্ঞানী আইজ্যাক নিউটন প্রমূখ ও ঐ কাজে নিজেদের নিয়োজিত করেছেন।

ক্যালকুলাস ও বাইনোমিয়াল গনিতেও এর যথেষ্ছ ব্যবহার করা হয়।

বর্তমানে কেবলমাত্র পজেটিভ নম্বর নয়, নেগেটিভ নম্বর ও ভগ্নাংশের মাধ্যমে এর ব্যবহার হয়।

যে ব্যক্তি যতো বুদ্ধিমান তার কাছে পাই(π) ততো প্রাসঙ্গিক। আজ শুধু ব্যক্তিগত নয় আন্তর্জাতিক ব্যবসায়িক প্রতিষ্ঠানগুলো (মাল্টিন্যাশানাল কোম্পানি) এই মান সঠিক ভাবে নির্ধারণ করতে পরীক্ষা নিরীক্ষা চালিয়ে যাচ্ছে। এতে তাদের উৎপাদিত বস্তু আরো উন্নত মানের হবে।

মহাকাশ বিজ্ঞান, সমুদ্র বিজ্ঞান, পদার্থবিজ্ঞান, জীবন বিজ্ঞান সহ প্রায় সকল ক্ষেত্রে এই পাই (π) বিস্ময়কর ভাবে ব্যবহৃত হয়।

দাদু বললেন -" আরো আছে। এটি গণিতের বিস্ময়। ঐ মানের সমাধানে কত শত বিজ্ঞানী কাজ করে চলেছেন তার সংখ্যা কেউ জানেনা। বলতে গেলে কত দিন লাগবে কে জানে? আর সবটা আমার ও বোধগম্য নয়।"

আমরা দাদুর মুখের দিকে তাকিয়েই থাকলাম।

শুধু বললাম-" পাই (π) মানে , কোন বৃত্তের পরিসীমা ও ঐ বৃত্তের ব্যাসের অনুপাত।"

সকলেই বলল - "হ্যাঁ !"

দাদু বললেন -" আগে নিজেদের চিন্তাধারার উন্মেষ ঘটাও তাহলে রস পাবে। বুঝতে পারবে। কোন কিছু না জেনেই মাতব্বরি করবে না। আগে এর গুরুত্ব বোঝ।"

আমরা সকলেই মন্ত্রমুগ্ধের মত চেয়ে রইলাম। তবে একটা কেমন যেন নেশা চড়ে গেছিল।

47

সাতচল্লিশতম পর্ব নবান্ন

"তব চরন ছুঁয়ে আমার জীবন সার্থক। তব স্পর্শে আমি হই শিহরিত। তব গন্ধে আমি হই বিভোর। তোমাতে আমার সৃষ্টি এবং তোমাতেই আমি হতে চাই বিলিন।"- বাংলার এই রূপ-রস-গন্ধ-স্পর্শের কথা ভেবে পাগল হয়ে যায় নিখিল। এ সকল ব্যাপারে বেশি কিছু ওর কাছে জানতে চাইলে ও একটু বিরক্ত হয়ে যায়। শুধু বলে ওটা অনুভূতি। বলে প্রকাশ করা যায় না। অনুভব করতে হয়। যার এ ব্যাপারে অনুভূতি নেই সে কোনদিনই বুঝবে না। তাঁকে বোঝানোর প্রচেষ্টা বৃথাই শুধু নয় বোকামিও বটে।

বাংলা আমার মা আমার জন্মভূমি, পিতৃভূমি আমার পুণ্যভূমি। ছয় ঋতুর রূপ আলাদা আলাদা। শারদীয়া উৎসবের পর কৃষিপ্রধান বাংলায় সবথেকে বড়ো উৎসব হল নবান্ন।

নিখিলের এই ভালোবাসা আমাদের এক নব প্রেরণা দেয়।

আগে থেকে শুনেছি ও বড়ো পণ্ডিত ব্যক্তি। তাই ওর কাছ থেকে আমার মতো ছাপোষা ব্যক্তি নতুন কিছু জানতে চাই। বলি কাকু নবান্ন উৎসব নিয়ে কিছু আলোচনা করো। আমরা সমৃদ্ধ হই।

তাহলে শুরু থেকেই শুরু করতে হবে। তবে এক কাপ চা'য়ের ব্যবস্থা করতে হবে।

"অবশ্যই'- বললাম আমরা সকলেই। ইতিমধ্যেই নিখিল কাকু এসেছে এই খবরটি চাউর হয়েছে পাড়ায়। দেখি প্রায় ত্রিশ জন ব্যক্তি জড়ো হয়ে গেছে।

এত শ্রোতা দেখে উনি বিশেষ উৎসাহিতও।

"তাহলে শুরু করি বাংলা ব্যাকরন দিয়ে। নব+অন্ন=নবান্ন, এটি স্বর সন্ধি এখানে অ+অ=আ হয়েছে। আবার, নব অন্ন মুখে দেওয়া হয় অনুষ্ঠানে= নবান্ন, এটা বহুব্রীহি সমাস।'

"সে তো বুঝলাম তবে -" একজন স্রোতা বলে উঠল।

চায়ে এক চুমুক দিয়ে আবার উনি বলতে লাগলেন-" এটা হচ্ছে মাটির উৎসব। উৎসর্গের উৎসব। পূর্বপুরুষদের নিবেদনের উৎসব। যখন নতুন ধান বা শস্য ওঠে তখন কৃষকেরা নতুন শস্য প্রথমে পূর্বপুরুষদের কাছে ও কুল দেবতা সহ অন্যান্য দেব দেবীর কাছে নিবেদন করেন। বাংলা মেতে ওঠে এক নব আনন্দে নব আশায় ও নব চেতনায়। এরপর একে একে তারা পাকা শস্য ঘরে তোলে।"

"চমৎকার। আমরা তো পালন করি নবান্ন কিন্তু এতো খুঁটিনাটি জানতাম না।" বললেন একজন বয়োবৃদ্ধ শ্রোতা।

"এছাড়াও ভাবুন এই উৎসব কতো মর্মস্পর্শী! এই উৎসবের মাধ্যমে পশু যেমন গোরু মোষ ও বিভিন্ন পাখির ও অর্চনা করা হয়। এরা সকলেই চাষবাসের সাথে গুরুত্বপূর্ণ ভূমিকা গ্রহন করে। তাদেরও অর্ঘ্য প্রদান করা হয়। এটা কোন ধার্মিক অনুষ্ঠান নয়। এটা যেমন হিন্দুরা পালন করে সেরূপ অন্যরাও পালন করেন ভক্তিভরে।"

"এতো তলিয়ে তো ভাবি নি।" - বললেন আমাদের প্রিয় অমিতদা। ইনি হচ্ছেন একটু আহম্মক টাইপের। দেখবেন সব জায়গায় এরূপ কিছু মানুষের দেখা মেলে। তারা আর যাই হোক খুব মজার হন ও আসরটা ভালোই জমান।

48

আটচল্লিশতম পর্ব
নতিস্বীকার

"আমি পারলাম না পাঁচ বছরেও কিন্তু অমিত ওই কাজটি মাত্র নয় মাসে করে ফেলল। এটা কোনো ভাবেই মানা যায় না। বিদ্যা , বুদ্ধি ও যোগ্যতায় ও আমার থেকে কতো কম। শুধু কমই নয় ধারে কাছেও আসে না। ওর সাথে তুলনা করে আমি নিজেকেই অপমান করছি। ছিঃ! একথা মনে আনতেও লজ্জা লাগে!"- টুবাই মনে মনে এসব কথা ভাবছিল বসে বসে আর মনে মনে বিড়বিড় করে কিসব যেন বলছিল।

সত্যই তো। পড়াশোনা, জ্ঞান বুদ্ধি কিছুতেই অমিত ও টুবাই- এর তুলনা চলে না। সব কিছুতেই অমিত পিছিয়ে। অমিত খুব ভালোভাবেই সেটি জানত ও মানতো। অমিত একটু নম্র স্বভাবের এর প্রধান কারণ সে ছোটবেলা থেকেই খুব গরিব পরিবারে মানুষ হয়েছে। মানুষের দুঃখে দুঃখী হয়। সকলকেই মানিয়ে নিতে পারে। অসহায় অবস্থার মধ্যে পরে সে বহু গৃহস্থালির কাজ যেমন রান্না করা, বাসন মাজা সহ বিভিন্ন ধরনের কাজ তার কাছে জলভাত। সে কষ্ট সহিষ্ণু ও অপরের দুঃখ নিবারণের জন্য অনেক সময় নিজেকেই উৎসর্গ করে। এটা তার রক্তে আছে। অমিতের বাবাই তো তার চূড়ান্ত উদাহরণ।

তাই দুজনের তুলনা করা কোনভাবেই চলে না।

টুবাই আত্মশ্লাঘা, প্রচন্ড পরশ্রীকাতর ও হিংসুটে। অনেকের চোখেই সে একটা পাষণ্ড। চুপচাপ থাকা এক ভিজে বিড়াল।

তাই দুজনের মিল যেমন নেই তাই তুলনাও কোন ভাবেই চলে না।

অমিতের যেটা আছে শিক্ষার চরম আকঙ্খা। এই মহৎ গুণ যার রয়েছে সে সবসময় জিতেই আসবে এর কোন সন্দেহই নেই।

অমিতের কথায়- "মানুষ তখনই তাঁকে হিংসা করবে যখন জানতে পারবে অন্যজন তার থেকে শ্রেষ্ট। এটা একটা খুবই সাধারণ ব্যাপার। একজন ব্যক্তি কক্ষনোই তার থেকে নিকৃষ্টতর ব্যক্তিকে হিংসা করে না।"

সে আরো বলে-"তাই অধ্যাবসায় চালিয়ে যাওয়া একটি স্বর্গীয় গুন। এটি মানুষের মননকে গতিশীল ও উন্নত করে। ঔদ্ধত্য মানুষের পতনকে ত্বরান্বিত করে ও অন্ধকারের পথে নিয়ে যেতে পারে। পতন ঠেকানো তখনই সম্ভব যখন মানুষ তার পারিপার্শ্বিক পরিবেশ দ্বারা অনুপ্রাণিত হয়ে নিজেকে তাদের একজন ভেবে সবকিছুতেই মানিয়ে নিতে পারে। অপরের কথা ভাবে সবসময়। কেউ যদি সবসময় নিজের কথাই ভাবে তার কথাও অন্যকেউ ভাববে না। ভবিষ্যতে সে চরম ভাবে ব্যর্থ হবে এটা অবশ্যম্ভাবী। ছোট বেলায় শিখেছি সকল মানুষের মধ্যে কিছু আসুরিক ও কিছু দৈবিক গুন থাকে। ভালো লোক বা ব্যক্তির কাছে থাকলে মানুষের দৈবিক গুনগুলো উত্তরোত্তর বৃদ্ধি পেতে থাকে তখন মানুষ নিজেদের আরো উন্নততর করে তোলে। চিন্তাধারার উন্নয়ন ঘটে। সে ধীরে ধীরে উন্নত মানের মানুষে পরিণত হয়।"

"নিজ মনন ও চরিত্রের ক্রমবর্ধমান উন্নয়নের কথা সবাই ভাবে। কে চায় পচা আলুর সাথে থাকতে?" - অতি মৃদুভাষী হয়ে নতিস্বীকার করে অমিত। জানে সে টুবাই শ্রেষ্ট কেবলমাত্র নিজের কাছে।

* সে চায় শান্তি। যে শান্তিপূর্ণ সহাবস্থান নিশ্চিত করতে পারে না তার পতন শুধু সময়ের অপেক্ষা। আবার মনে মনে ভাবে- " ভালোবাসার মানুষগুলোর জন্য সকলের আড়ালে কেবল বৃথাই অশ্রু ঝড়াই আসে নাতো তারা আম্মার টানে| তবে কি সকলই মিছে|"

49

উনপঞ্চাশতম পর্ব
আপনি কে?

অনল আজ মেঝেতে বসে আছে| দরজাটা হা করে খোলা|শরতের দুপুরে মেঘের আনাগোনা| জানালার ফাঁক দিয়ে মেঘের দিকে তার চোখ অপলক দৃষ্টিতে কি যেন একটা খুঁজছে , দেখেই তা বোঝা যায়| জীবনের এই ছোঁড় পরিধিতে সে এত শিক্ষা পেয়েছে তা বলতে গেলে একটা আস্ত মহাভারত হয়ে যেতে পারে| আর যত অভিজ্ঞতা বেড়েছে তত তার বেড়েছে মৌনতা| কেন তা কেবল পারে সে নিজেই| আপনারা কেউ কি কোন আন্দাজ করতে পারেন ?

অথচ এই অনলই ছোট বেলায় কেমন যেন ছিল বেহিসাবী, একটু উদ্ধত, একটু একরোখা ও বলতে পারেন একটু চঞ্চল| মনে যা আসে মুখে তাই বলে দিত| তার ঐরূপ আচরনে কত যে হৃদয় ছিন্নভিন্ন হয়ে গেছে, সে তার খেঁয়াল রাখার প্রয়োজনিয়তাও অনুভব করে নি কখনও|

মা বাবা ও অন্যান্য আত্মীয়স্বজন ধরেই নিয়েছিল সে একরোখা ও ওরকমই| দিন যায়, ও বড়ো হয়| পরিচয় হয় পরিবেশের সঙ্গে পরিজনদের সঙ্গে| তখনই আসে আসল শিক্ষাটা|

বাবা মায়ের ছোট বেলার শাষন করাটা কতটা প্রয়োজন সে ভালোই বুঝতে পারে| একজন মানুষ যখন কোন স্কুলে ভর্তি হয় পড়াশোনার জন্য তখন সে ছাত্র বা ছাত্রী আবার ঐ ব্যক্তি যখন পড়ানোর কাজে নিয়োজিত হন তখন হন শিক্ষক বা শিক্ষিকা? ঐ ব্যক্তি যখন অফিসে যান তখন হন

ভিজিটর| অর্থাৎ একই দেহে কত রূপ| তাই না|

প্রত্যেক ক্ষেত্রেই লক্ষ্য করা যায় ব্যক্তির দ্বায়িত্ব ও কর্তব্য আলাদা| তাই না| কোথাও প্রান খোলা হাসি আবার কোথাও নিয়মের অমোঘ বেড়াজাল|

বাব্বা, মনে হয় মাঝে মাঝে হাঁপ ছেড়ে বাঁচি| চলে যাই সবকিছু ছেড়ে দিয়ে|

ও নিজে পেশায় শিক্ষক| আর নেশায় একজন পিশাচ লুটেরা। আবার এত লালসা যে তিনি আবার নিয়ম বিরুদ্ধভাবে -------।

আমরা সকলেই জানি থারাপ কাজের ফল থারাপ হবেই, সে আজ না কাল। মিটার তার চালু সব সময়েই। শুধু ধ্বংস তার সময়ের অপেক্ষা!

হায়ার সেকেন্ডারীতে তার কাছে না পড়লে | অনেককে বলেন প্রাকটিক্যাল মনে আছে তো| তাই ভয়------!

তাই তাকে জরুরী তলব | অগত্যা বাপের ও বাপের সাথে দেখার সৌভাগ্য| অনেকে আবার সেটিকে খুব মর্যাদা হানিকর ধরেন| আপনারা কি ভাবেন?

"ধরুন এরূপ একটি ঘটনা হল আপনার সঙ্গে| কি বলবেন বা ভাববেন আপনি?"-খুবই প্রাসঙ্গিক তাই না ঐ ঘরে প্রবেশ করে বলল কিরন|

সে জানে গত কাল তলবে গিয়ে প্রায় তিন ঘন্টা বাইরে বসে ছিল| রাত সাড়ে আটটায় যখন ফিরল তখন কেমন যেন নিরুত্তাপ|

কিছু যেন বড় কিছু হয়ে গেছে| তাই তার মুখে আজ একই কথা|

কত শত ছাত্র ছাত্রীদের জীবন নিয়ে ছিনিমিনি খেলতে ভালবাসেন যে সমস্ত ব্যক্তিগন, স্কুলে ঠিকঠাক না পড়িয়ে সব সময় নিজের কিভাবে আয় বৃদ্ধি হয় এবং প্রয়োজনে ছাত্র ছাত্রীদের শোষন করা ব্যক্তিদের সঠিক চিকিৎসার প্রয়োজন আছে।

এরকম একজন ব্যক্তিকে যা করা উচিৎ পড়ে শুনেছি তাই করা হয়েছিল তাতে মনে হয় এক শ্রেনীর অসাধু ব্যক্তিদের টনক নড়ল।

50

পঞ্চাশতম পর্ব বন্ধুত্ব

ঘন বনাঞ্চল তিনটি শাবক খেলছে। একটি সিংহ শাবক, একটি ব্যাঘ্র শাবক ও একটি মেষ শাবক। তিন জনের মধ্যে অটুট বন্ধুত্ব। সকাল থেকে সন্ধ্যা তাদের খেলা চলে। প্রকৃতির কোলে তিন শাবক বড়ো হয়ে ওঠে ধীরে ধীরে। রৌদ্রের প্রখর তাপে তিন শাবক খেলতে খেলতে যখন ক্লান্ত হয় শীতল ছায়ায় তারা একটু জিরিয়ে নেয়। আবার ওঠে খেলতে। কখনও কখনও বৃষ্টিতে একটু তারা মাতামাতি করে অদম্য উৎসাহে। শীতের স্নিগ্ধতায় স্নিগ্ধ হয়ে পরস্পর ঘেঁষাঘেঁষি করে নিজের জীবনের ছোটবেলার আনন্দ উপভোগ করে। খেলাধুলা করে শেষে নিজের নিজের বাসায় ফেরে।

অতি আনন্দে তাদের দিন যায়। সময়ের অমোঘ আকর্ষণে তারা আত্মহারা হয়ে কেমন যেন একদিন নিজের নিজের অস্তিত্ব ভুলে যায়। মন তাদের চায় এই শৈশব যেন আর না যায়। প্রকৃতি ও পরিবেশ অবদমিত থাকে কিছুদিনের জন্য। তাদের নিজেদের নিষ্পাপ মানসিকতার কাছে যেন প্রকৃতিও অবদমিত থাকে। চলতে থাকে প্রকৃতির এক অদ্ভুত প্রতিযোগিতার যেখানে প্রতিযোগীরা জানে না তাদের আসল প্রকৃতি।

পাহাড়ের কোলে, গুহায় তাদের নিজেদের মধ্যে সহযোগিতা ও ভালোবাসা চলে অনন্ত ও শিশু সুলভ চপলতা স্বর্গীয় দৃশ্য রচনা করে।

কি বিচিত্র ব্যাপার যখন ঐ তিন শাবক নিজেদের মধ্যে খেলে তখন ওদের মায়েদের মধ্যেও পারস্পরিক হিংসার লেশমাত্র থাকে না। কি অদ্ভুত ব্যাপার! তাই না।

কিন্তু যখন তাঁরা নিজেদের আস্তানায় ফেরে তখন তাদের পিতা মাতা তাদের বংশগত শিক্ষা যেমন শিকার ধরা, শত্রুদের কাছ থেকে কিভাবে নিজের আত্মরক্ষা করা যায় , কিভাবে প্রকৃতির সাথে লড়াই করে বেঁচে থাকতে হয় , ইত্যাদির তালিম নেয়। এমনি করতে করতে তারা সকল বিষয়ে পারদর্শী হয়ে ওঠে।

রাত্রে গভীর জঙ্গলে সিংহী তালিম দেয় হিংস্রতার। এমনি করে সিংহ শাবক প্রকৃতির হাতে নিজের হিংস্রতা ফিরে পায় একদিন বাকি দুই বন্ধুর অজান্তেই। সে যে পশুরাজ, রাজকীয়তা যে তার রক্তে । সিংহ ও সিংহীর সংসারে যে একমাত্র আলো , পিতৃপরিচয় সব থেকে তার বড়ো পরিচয়।

সকল শিক্ষা শেষ হলে সে শিক্ষা পায় রাজধর্মের।

সে প্রকৃতির চরম শিক্ষা পায় সংহারকের। সে যে রাজপুত্র, সে মাংসাশী সে মেষ সহ অন্যান্যদের খাদক। হিংস্রতা তার মজ্জাগত ধর্ম ও আভিজাত্যের প্রকাশ।

অনুরূপভাবে ব্যাঘ্র শাবক ও শিক্ষা পায় প্রকৃতির অমোঘ নিয়মে। হিংস্রতা তারও মজ্জাগত। প্রকৃতির কাছে সকলেই বংশগত ধর্ম প্রকাশে বাধ্য। তা আটকায় কার সাধ্য।

পরদিন সকালে হিংস্রতার পরীক্ষা দিয়ে রাজ্য অভিষেক । কে জেতে সেটাই দেখার?

মেষ শাবকের চোখে সেদিনো বন্ধু প্রীতি। প্রকৃতির কি পরিহাস দেখুন। সকলেই নিজের নিজের পাশবিক ধর্মের কাছে ধীরে ধীরে নতিস্বীকার করে, কারন এটাই তো প্রাকৃতিক ধর্ম, এটাই তো হওয়ার ছিল।

একদা ওর হল সেটি শেষ দিন। বেচারা মেষ শাবক! হায়! হায়!

তাই বন্ধুত্ব বা যে কোন সম্পর্ক হওয়া উচিৎ সমানে সমানে ও যথাসম্ভব সবকিছু বুঝে।অন্যথায় যেকোন সময় যে কারো বিপদ আস্তে পারে বা ঘটে যেতে পারে এরূপ দুর্ঘটনা। অচিরেই শেষ হয়ে যেতে পারে সব কিছুই সকলের অজান্তেই কালের নির্মম শ্রোতে।নেমে আসতে পারে যে কোন কিছু দুর্বিপাক। নিমেষে ছারখার ও তছনছ করে দিতে পারে সকলের সাজানো বাগান। তাই বিষয়টি কিন্তু অত্যন্ত অত্যন্ত গভীরতা সহকারে ভাববার প্রয়োজন আছে। তাই না?!

আচ্ছা বলুন তো মনুষ্য সমাজেও কি এরূপ চলে?

লেখকপরিচিতি

Introduction of the Author

Mrinal Kanti Guin

The author is a civil servant. His early education started in Agriculture. He graduated in B.Sc (Hons) in Agriculture. Later he completed his master's degree in Genetics from Bidhan Chandra Krishi Viswabidyalaya (BCKV) West Bengal.

After completing his education, he joined as a civil servant in West Bengal Civil Service (Exe.). He has vast knowledge in serving the people of Bengal in different capacities in many districts. In this book, he tries to touch the heart of the people by his writings. In his writings he provided different example with critically with lucid illustration. The aim of this writing is to bring the positive thinking among the readers.

Mrinal Kanti Guin Author